気鋭のビジネスリーダーたちは
わが子をどう育てているのか

子育て経営学

宮本恵理子

日経BP社

気鋭のビジネスリーダーたちは
わが子をどう育てているのか

子育て経営学

はじめに

企業や団体の経営者、それも40代以下の若く、事業で成長を遂げている経営者に、「子育て」の話を聞いてみたい。

そんなアイデアがふと浮かんだのは、1年ほど前のことだったと思う。

私の生まれは1978年。今年、ちょうど40歳を迎えた。一児の母親でもある。出版社から独立したあと、興味の赴くままに人と会い、少しでも世の中を明るくできると思えるメッセージを発信することをやりがいに、インタビュアー兼ライター（ときどき編集者）として、10年ほど活動してきた。

独立して最初に受け持ち、かつ長く続いた企画は、週刊誌「AERA」の共働き夫婦のインタビュー連載「はたらく夫婦カンケイ」だった。共働き世代に向けたウェブメディア「日経DUAL」の立ち上げ期から執筆していた縁もあって、「働く」や

「暮らす」、そして「育てる」というテーマに対して、個人がどう向き合い、最適解を選択していくかというテーマを自然と追っていた。

「仕事と子育ての両立」というと、まず浮かぶのは女性の姿だろう。

この手のキャッチコピーが躍《おど》るのは、たいてい女性向けのメディアだ。取材する側の私にも、そんな先入観はあったと思う。

しかし、当たり前だが、個々の事情はあるにせよ、育てる主体は父親と母親からなる夫婦が一つの単位となる。

男性だって子育てに関わっているし、特に若い世代の男性の子育て参加の意識が高まっていることは、すでに報道されている通りだ。

通勤時間帯に、抱っこひもで赤ちゃんを抱えながら保育園に急ぐスーツ姿の男性を見ることも今や珍しくない。育児用品売り場では最近、男性も身につけやすいシンプルなデザインのものが主流となっている。

一方で、つい最近までは、「子育てをする男性」というと、ある種の〝特別感〟があったことも否めない。

トレンドワードを決める「ユーキャン新語・流行語大賞」で、「イクメン」がトップ10入りしたのは8年前の2010年のこと。その頃は、「イクメン」が少数派であるがゆえに注目されていたし、子育てに時間を費やす男性に対して「仕事を捨てた人」「出世レースから外れた人」というレッテルが貼られる現実もあった。

実業界は決して「子育てをする男性」を歓迎していない。

冷ややかな目線を、男性も女性も何となく感じていたのではないだろうか。

女性からは、「わざわざイクメンアピールをする男性ってどうなの？　女性は何も言わずに毎日淡々と子育てしているんだけど？」という不満も聞かれた。

それがここ数年、急に風向きが変わってきた。

ごく自然に、普通の日常として子育てをする男性。しかも、仕事を捨てて子育てを選ぶのではなく、仕事にも全力でのめり込みながら子育てにも真剣に向き合う。そんな姿がたくさん見られるようになってきたのだ。

そう感じた背景の一つに、ＳＮＳ（交流サイト）の発展と浸透がある。

取材を通じてＳＮＳでつながった男性経営者たちが投稿する写真には、家族のごく普通の日常風景があふれている。時には写真とともに、「今日は妻が遅いので、僕が夕食をつくりました」という説明や、「息子が学校でこんな点数を取ってきました、トホホ」といったつぶやきが上がることもある。

それが、決して〝イクメンアピール〟ではなく、子育てを人生の一部として楽しむ自然体の姿だということが、ひしひしと伝わってくる。

彼らの共通点は皆、若いこと。いわゆる団塊ジュニア以下のバブルを知らない世代である。

「仕事だけが人生」という価値観に浸かることなく、父親になった世代とも言える。

私が新しさを感じたのは、彼らが、ビジネスや学術などの専門分野で、誰もが認める実績を上げ、成長を続けながらも、子育てに深く関わっているからだった。

彼らは決して、自分の人生を犠牲にして子育てに関わっているわけではない。むしろ経営者や組織のリーダー、専門分野のプロフェッショナルであることと父親であることを両輪にして、エンジンを加速させているように見えたのだ。

次世代を担う若きリーダーたちは、子育てにどのように関わり、どのような〝人育て〟に挑戦しようとしているのか。

学校選びは？　お小遣いのルールは？　夫婦の協力体制は？　将来の職業選択にどんなアドバイスをする？

子育てのベースとなる原体験として、彼らはどう育てられてきたのか。

そして、ビジネスと子育ての相乗効果はあるのか。

人生において、子育てはどんな意味を持つのか。

聞きたいことが、次々に湧いてきた。


日頃から付き合いのあった日経BP社の日野なおみさんに企画を打ち明けたところ、「すぐにやりましょう」と即決してくれた。

そして2018年5月、40代以下のビジネスリーダーに子育て論を語ってもらう連載「僕らの子育て」が、日経ビジネスオンライン上でスタートした。本書は、この連載を走らせながらつくった本になる。

初回は、子育てと経営の関係について語っていただける方にと、経営学の気鋭の研究者であり、同世代の経営者との交流も活発な早稲田大学ビジネススクール准教授の入山章栄さんに登場いただいた。

子育てに深く関わる経営者としては、サイボウズの青野慶久社長らがよく知られているが、あえて「まだ子育てについて多くを語っていない人」を取材をした。男性経営者の子育て参加が、一部の特別な人だけのものではなくなっている、ということを確かめたかったからだ。

時代は、「働き方改革」真っただ中。

しかし、制度を整えるよりもずっと大事なのは、働く人の「マインド変革」であることを、登場してくださった皆さんが語ってくれた。

「今日はちょっと話しにくいなぁ……。事業の取材はよく受けるんですが、子育てについて話すのは慣れていないので」

そう言いながら、やや緊張気味に席に着く人がほとんどだった。

だが、いざ話し始めると止まらない。話題は、子育てと地続きのテーマとしてのチームマネジメントや経営哲学に及んで盛り上がり、「取材はきっかり1時間以内」と厳しく決められていた方でも、30分、1時間と延長していった。

取材が終わったあと、「補足です」と追加情報をメッセンジャーで送ってくださる方もいた。

そして、取材中、ハッとした顔でこうつぶやくシーンを何度も見た。

「そうか。やっぱり、子育てと経営は一緒なんですね」

経営するように子育てをして、子育てをするように経営する彼らの姿に、私はとても大きな希望を持った。

ここに登場する語り手は、間違いなく、これからの日本経済を担う新しいリーダーたちだ。

そのリーダーたちが、これほど〝自分事〟として子育てを語り、その価値を、頭ではなく肌感覚として知っていることは、未来の日本社会を明るくすると思えた。

彼らの発想からは、「女性用トイレにしかオムツ替えシートのない施設」は生まれないだろうし、「習い事の送迎を効率化するアプリ」など、生活者のニーズに合うサービスがどんどん生まれるはずだ（実際、そんなサービスがすでに登場しているし、新たなビジネスを生み出そうとしているインタビュイーも複数いた）。

日常的な子育ての実践法には、「経営者だからできる」という面も、もちろんある。

けれど、彼らは普通の会社員と同じように、共働きの妻と連携して子どもの送迎に奮闘し、両親や近所の友人の手を借りる苦労を、日常として語っている。

その上で、「この課題を解決するためには……」と社会変革に前向きなリーダーならではの提案を投げかけてくれる。

彼らの声がもっと大きく、広く届くようになれば、日本は確実に変わる。「失われた世代」と言われてきた彼らの手で、もっともっと未来を明るくすることができる。

その一助として、本書が貢献できることを願っている。

2018年8月8日（パパの日）

宮本恵理子

3

息子を寝かしつけながらビデオ会議も「経営層が子育てに関われば大企業も変わる」

071

綱場一成の場合

ノバルティスファーマ社長

4

家事・子育てのアウトソースが家族を幸せに「必要ならば、プロに頼めばいい」

豊田啓介の場合

建築デザイン事務所noiz代表

095

1

週1日の在宅勤務で、子どもの送迎・夕食づくり「教育現場には〝カオス〟が必要だ」

入山章栄の場合

早稲田大学ビジネススクール准教授

いりやま・あきえ

早稲田大学ビジネススクール准教授

1972年東京都生まれ。
慶応義塾大学経済学部卒業、
同大学院経済学研究科修士課程修了。
三菱総合研究所で主に
自動車メーカー・国内外政府機関への
調査・コンサルティング業務に従事。
2008年に米ピッツバーグ大学
経営大学院で博士号を取得。
2008年から米ニューヨーク州立大学
バファロー校ビジネススクール助教授。
2013年から現職。

家族構成（2018年1月時点）

妻（開発援助関係の機関に勤務）
長男（章太郎くん10歳）
長女（実紗ちゃん6歳）

東京都在住

1

教育現場には〝カオス〟が必要だ

――入山さんは気鋭の経営学者として活躍する一方、二児の父として子育てに携わり、SNS（交流サイト）では頻繁に家族の写真を投稿しています。「経営」と「子育て」のどちらにも深く関わる中で、両者に共通点はあると感じますか。

入山　僕は学者なので、経営そのものを偉そうに語る資格はありません。けれど組織と子ども、この2つを育てるのに共通しているのは「自己肯定感を高めることの重要性」だと思います。

チャレンジングな事業に立ち向かうには、「自分はやればできる」という自信や、セルフエフィカシー（自己効力感）を備えていることが重要だということは、経営学の研究でも分かっていることです。

これは、子育てにも共通している。そう気付いたのは、医師・カウンセラーの明橋大二さんの『子育てハッピーアドバイス』（1万年堂出版）を読んだ時でした。

僕は普段、マニュアル本をほとんど読みませんが、この本にはとても共感しました。子どものありのままの感情を受け入れて存在を尊重する考えは、組織論にも生かせます。

一方で、経営と子育ての決定的な違いもあります。子育てには答えがないことです。経営にも答えがないとよく言われますが、一定の期間でどれだけ企業が成長したかという結果と照らし合わせながら、経営手法の成否を評価することはできます。

けれど子育ての場合、まず「何を成功とするか」という答えがありません。

たとえ有名大学に入って、一部上場企業に入社して、結婚できたとしても、本人が幸せな人生を送れたかどうかは、死ぬ瞬間まで分からない。そして、子どもが天寿を全うして死ぬ瞬間に、親が立ち会う確率は極めて低い。

つまり子育てに正解はないし、あったとしても、確認できる瞬間に親は立ち会えない。

それでもなお、親として子どもに何を与えていくか。答えのない問いに永遠に立ち向かうのが子育てなのでしょう。

共通言語は英語、数学、プログラミング、表情

――入山さんがわが子に与えたいものは何ですか。

入山　これからの世界で生き抜くための共通言語を与えてあげたいですね。
これはあくまで僕の考えですが、世界中の人とコミュニケートできる共通言語、つまりプロトコルを持っているほど、挑戦できるフィールドが広がって、ビジネスであれば一気

1

平　日

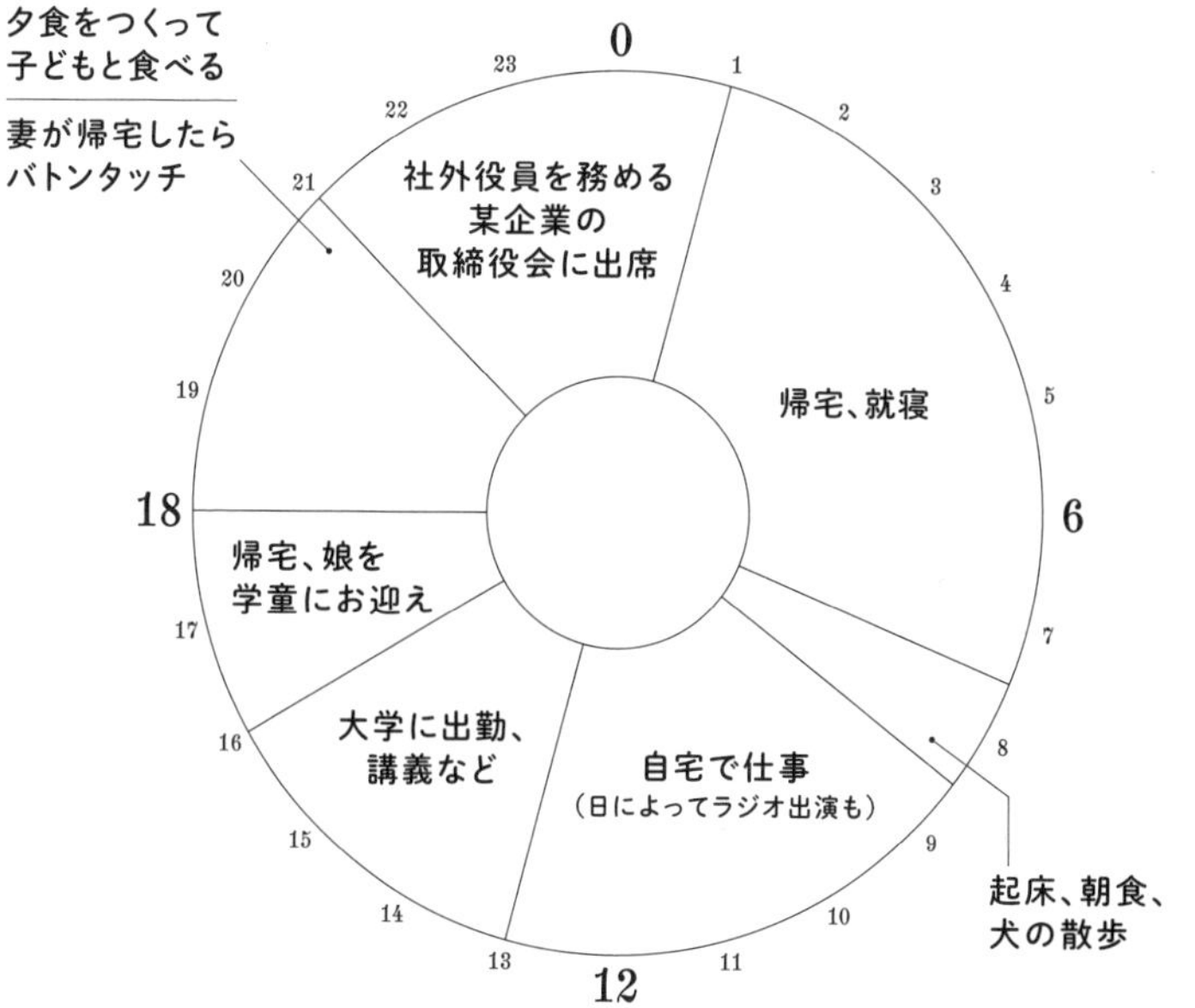

7:30	起床、朝食、犬の散歩	18:00	夕食をつくって子どもと食べる
8:30	自宅で仕事		妻が帰宅したらバトンタッチ
	（日によってラジオ出演も）	21:00	社外役員を務める某企業の
13:00	大学に出勤、講義など		取締役会に出席
16:00	帰宅、娘を学童にお迎え	25:00	帰宅、就寝

1

休　日

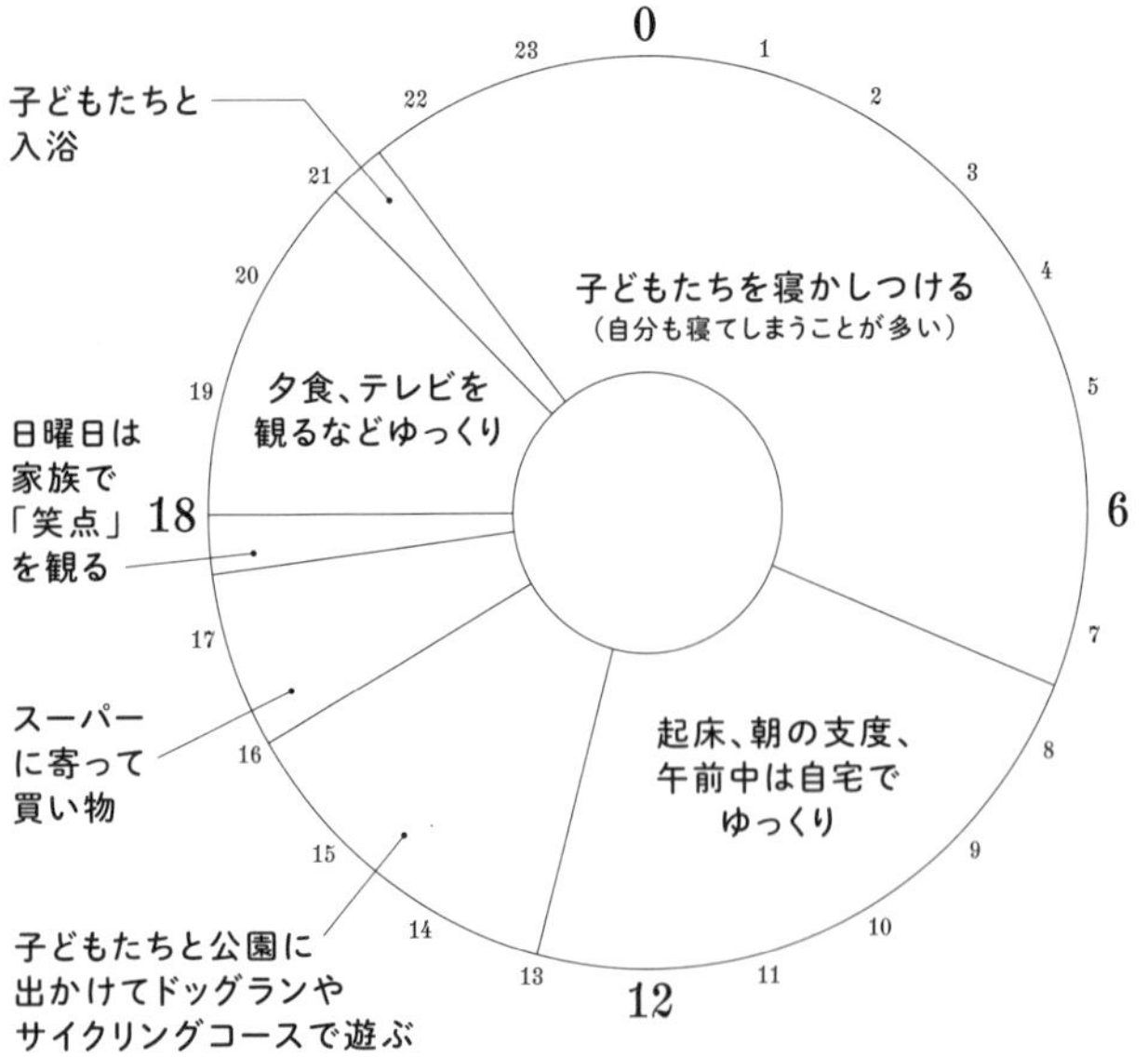

7:30	起床、朝の支度、	17:30	日曜日は家族で「笑点」を観る
	午前中は自宅でゆっくり	18:00	夕食、テレビを観るなどゆっくり
13:00	子どもたちと公園に出かけて	21:00	子どもたちと入浴
	ドッグランやサイクリング	21:30	子どもたちを寝かしつける
	コースで遊ぶ		（自分も寝てしまうことが多い）
16:00	スーパーに寄って買い物		

にスケールできる可能性が高まる。

現在、世界の共通言語は4つあると思っています。1つは現時点で世界最大の共通語である英語。2つ目は数学。3つ目はプログラミング言語。そして4つ目が、意外に思うかもしれませんが、〝表情〟です。

うれしい時には笑う、悲しい時には泣く。感情にひも付いた表情は、人種や文化を問わず、すぐに交換し合える最強のプロトコルです。人間どころか、犬だって表情から悲しみが伝わります。生物の種も超える表情の力は、すごいんです。

だから、うちの子たちにはとにかく表情豊かな人間に育ってほしい。

楽しい時はワハハと笑って、悲しい時にはワーンと泣ける子になってほしい。子どもが泣いている時は、「思い切り泣け」と言っています。


あとは「子どもを自分のコピーだと思うな」と自分に言い聞かせています。

同性の息子に対しては、特に。息子と自分を重ねて、「昔の俺みたいに本を読まないのはどうしてだ」といらだったりすることもあります。

けれど、彼には彼の得意分野がある。実際、僕より息子の方が数学的な才能は断然高い。わが子に自分をトレースさせるのではなく、別の人格だと自覚しないといけません。

僕たちの世代が生きてきた時代環境と、息子たちがこれから生き抜く環境は全く違います。変化のスピードはこれからますます加速する。だから、親世代の成功体験を押し付けることは、参考になるどころかリスクでしかない。

あるメディアで、社会学者の古市憲寿さんが「親の言うことは聞くな」と言っていましたが、強く同意しますね。

親の言うことを聞く子どもにだけはなってほしくない。自分の価値観で自分のことを決めてほしいと強く思います。

毎週月曜日は子育ての日

――子育ての実情を教えてください。普段はお子さんとどんな関わり方をしていますか。

入山　うちの場合、妻は開発援助関係の機関で働いていて、たまに1週間アフリカに出張することもあるほど多忙です。ですから子育ては夫婦で協力しています。

とはいえ僕も忙しくて、子育てに携わっているとは、とても偉そうに言えません。けれど、比較的時間の調整が自由にできる学者という職業を生かして、毎週月曜日だけ

1

子育てQ&A

Q.	A.
教育プランは？	小学校受験も一応検討したが、結果的に子どもは２人とも公立小学校に進学。将来の海外教育も前向きに検討中。
習い事は？	テニス、ピアノ。
お小遣いは？	欲しいものがあればその都度、申請。ただし、それほど頻繁にリクエストされない。
スマホやゲームなどのデジタルデバイスは？	何でも、やりたいことは止めない。無制限にやってよし。ただし、妻は時間制限を設けようとしている。
子どもがよろこぶ得意料理は？	焼きそば、チャーハン、餃子、カルボナーラ、ハンバーグ、マーボー豆腐。
子育てを円滑にするための工夫は？	毎週月曜日は原則、家で仕事をして子育てをする日。母にもサポートしてもらっている。

1

入山章栄

は、一日中家にいて、子育てにコミットするように決めています。

それ以外にも、大学の仕事のない日は、なるべく家にいるようにしています。

月曜日は、朝、子どもを幼稚園と小学校に送り出し、家で仕事をしながら、家事も少しやります。息子が小学校から帰ってきたら、塾に送って、17時半に幼稚園に娘を迎えに行く。息子が塾に通いだすまでは、習い事のテニスに連れて行っていました。月曜日は、妻は遅くなっても大丈夫なので、思い切り残業して帰ってくることもあります。

夕食の定番は焼きそば。近所の食品スーパーで、お気に入りの「深蒸し焼きそば」を5～6玉買って大量の焼きそばをつくります。

以前は、あらかじめ妻につくってもらった料理を温め直していたこともありましたが、自分でつくった方が子どもたちもよろこぶので、ホットプレートを引っ張り出して、ジャジャーッと。ビール片手に豚こま肉を1キロくらい焼いて、それをつまみながら、次はキャベツ1玉分と麺5～6玉を投入。「できたぞー」と。

これが入山家名物・親父の焼きそば。ホットプレート料理は偉大です。

――焼きそばのほか、チャーハンも得意だとか。

入山　ほかのメニューもつくりますよ。餃子もチャーハンもカルボナーラも得意です。

僕は、たまたま自分でスケジュールを調整できる職業だから、こんな日常を送れています。

ただ、これから「働き方改革」が進んで、企業に勤めるビジネスパーソンも、勤務スタイルの自由度が高まれば、日本の子育て風景は変わると思います。

子育ては「夫婦を映す鏡」

――多忙な入山さんを子育てに向かわせる原体験は何でしょう。


入山　子育ては「夫婦を映す鏡」だと思っています。うちの場合も、夫婦の成り立ちが関係している気がします。

妻の裕実と出会ったのは、僕が三菱総合研究所を退職して、アメリカのピッツバーグ大学経営大学院に留学していた時のこと。彼女も日本から留学していた同級生でした。

彼女はもともとみずほ銀行の総合職で、M&A（合併・買収）向け融資などを担当していましたが、国際開発援助に関わりたいと、銀行を辞めて渡米していた。

1

入山章栄

出会って2年後に彼女は修士号を取って日本の別の援助機関に就職。ベトナムのハノイで1年間働いていました。その間、僕はアメリカで博士課程の学生でした。ハノイの任期を終えたあと、彼女は契約を延長する選択肢もあったのに、僕と結婚するためにアメリカに戻ってきてくれた。

その後、結婚してすぐに彼女が妊娠。僕が33歳、裕実が31歳の時でした。ピッツバーグで長男が生まれたあと、僕がニューヨーク州立大学の助教授の職を得て、一緒にバファローへ移りました。

当時のバファローは、〝ど〟が付くほどの田舎で、開発援助関連の仕事はなく、彼女はたまにボランティアをする程度。基本的には、主婦業が中心の生活を送っていました。バファローに移ったあとで長女を授かり、頼れる親類もいない環境の中、とにかく必死で、夫婦2人で子育てをしていた記憶があります。

子どもが小さい時期ならではの夫婦げんかはしょっちゅうでした。互いにストレスで爆発しそうになったことも数知れず。それでも何とかしなくちゃならないと、2人とも学習しながら価値観をすり合わせていきました。お金もあまりなく、遠い異国の地で、2人で子育てに奮闘した経験は、今の生活の源流になっているのかもしれません。

夫婦の性格は正反対。僕は〝超〟の付くいい加減な性格で、元銀行員の妻からは「あり得ない」とよく叱られます。

大事なのは、こまめに「ありがとう」と言うことでしょうか。何だかんだ言って、日常の家事や子育てのほとんどは妻がやってくれていますから。

でも、「ありがとう」も何度も言っていると、相手も慣れてよろこばなくなるので、難しいところです。

先日も、「風呂掃除が雑だ」とダメ出しをされたばかりです。だったらと、洗剤をたっぷり付けて、一生懸命シュッシュッとやっていたら、今度は「洗剤使いすぎ！」と。「そういうの、家事ハラって言うらしいぞ！」と反論しましたが、届いていませんね（笑）。

赤ん坊を抱っこしながら大学の試験監督も

――夫婦が対等なパートナーなのですね。アメリカならではの子育ての価値観に触れた影響はありましたか。

1

入山章栄

入山　日本と違う子育ての風景を目の当たりにしたことが、僕の子育て観に影響を与えた可能性はあると思います。

まず地域コミュニティーの交流が活発であったこと。これは、精神的な支えになりました。

アメリカでは、「parent dating」といって、親子セットで近所付き合いをする機会が多く、互いの家に遊びに行ったりすることも頻繁《ひんぱん》にあります。

だから、子育て中の生活が孤独になることはあまりなくて、長男も楽しかったと記憶しているようです。父親の子育て参加も当たり前でした。

一番大きな影響を受けたのは、「子どもは無条件にかわいく、ウェルカムな存在である」という姿勢を見せる地域社会の姿です。

とにかく赤ん坊を連れて歩いているだけで、道端で知らない人が笑顔で寄ってきて「Oh, she is adorable!（なんてかわいいの!）」「Cutie!」といったポジティブな言葉を浴びせまくる。ほめられるとやっぱりうれしくなりますよね。

日本では少し前に、議員が職場に子連れで訪れたことが話題になっていました。

実は僕もニューヨーク州立大学の教員時代、どうしても妻の用事が外せず、赤ん坊だった長女を抱っこしながら大学の試験監督を務めたことがありました。

もちろん、おとがめはありませんでしたし、学生たちも「かわいい！」と言う人はいても、文句を言う人はいませんでした。

中国も子どもを無条件に歓迎する傾向がありますよね。長い間、一人っ子政策を続けてきた背景があるのかもしれませんが、興味深いのは、アメリカも中国も、経済成長を続ける2つの大国が、子どもを尊重する国であるということです。


——子どもをポジティブに受け入れることが未来志向の社会である、と。


入山　未来に投資する姿勢の潜在的な表れなのかもしれません。

子どもは社会の共有財であるという概念が浸透しているから、個人や組織が子育てに積極的なことが歓迎され、評価される。それでますます子どもを大切に扱うという循環になっているのかもしれません。

経済大国の共通項が「キッズファースト」だというのは興味深い指標ですね。


——ご長男は6歳まで、ご長女は2歳までアメリカで育ったわけですが、言語教育はどうしていましたか。

入山　僕も妻も、まずは日本語の能力をしっかりと備えさせたいと考えていたので、家庭内は日本語オンリー。日本語の絵本を読み聞かせるのも、当時の僕の役割でした。

長男はアメリカで「day care」と呼ばれる幼稚園のような場所に通っていたので、彼の周辺でコミュニティーができ始めると、自然と英語にも慣れていきました。

子どもたちは2人ともアメリカで生まれたので米国籍を持っていて、ミドルネームも付けました。使う機会はほとんどないけれど、せっかくですから（笑）。

長男のミドルネームはオーランドで、彼をかわいがってくれたアメリカ人夫妻に付けてもらいました。長女のミドルネームはキランで、僕の恩師のインド系アメリカ人に付けてもらいました。サンスクリット語で「太陽の光」という意味だそうです。

妻にも、やりたいことに打ち込んでほしい

――2013年に日本に戻って現職に就きました。お子さんの教育を考えて帰国を決断したのでしょうか。

入山　それも大いにあります。長男がちょうど小学校に入学する時期に合わせて仕事を調

整して、家族で帰国しました。

ただ僕が重視したのは、どちらかというと妻のキャリアでした。ハノイ時代にかなえられたはずの自分の目標をいったん諦めて、僕のキャリアを優先してくれた。そんな彼女に感謝していましたし、「彼女にも思い切り、やりたいことに打ち込んでほしい」と思っていました。

夫婦ともグリーンカードを取得していたので、アメリカに永住する人生も選べました。それでも東京で暮らす方が、彼女が活躍できる場所を選びやすいと判断しました。

その少し前に僕の父が亡くなり、母が一人暮らしになったこともあって、生まれ育った東京に戻ろうと考えたんです。

――日本に帰国したあと、お子さんが通う学校や幼稚園は、どのような基準で選びましたか。

入山　すごく大事なテーマですよね。アメリカでは、長男をモンテッソーリ教育の「day care」に通わせてとても良かったので、日本でも子どもの好きなことを自由にさせて感性を伸ばしてくれる学校や幼稚園に通わせたいと思っていました。

特に、娘はちょうど幼稚園に入る年齢だったので、夫婦で家の近くの幼稚園を何カ所も回って探しました。娘を持つ父親なら分かると思うのですが、僕は本当に娘を溺愛しているので（笑）、足を運べるところにはできるだけ見学に行きました。

その時に妻が入手した情報が面白くて、「幼稚園の教育方針は運動会を見れば分かるらしい」と言うんです。なるほどと思って実際に見に行ったのですが、驚愕《きょうがく》しました。幼稚園でかなり違いがあるのです。中には一糸乱れぬ統制で、完璧に叩き込まれた組体操を披露《ひろう》するところもありました。

これは価値観の違いなので、決してそれが悪いわけではありません。

ただ、僕には違和感しかありませんでした。保護者から拍手を受けて満足そうなのは、指導した体育会系の男性教師だけのような気がして、「先生の自己満足だろ!?」と突っ込みたくなりました。

繰り返しますが、そういうところが悪いと言いたいわけではありません。

けれど、幼稚園は文部科学省下の教育をする組織ですから、規律が重視されるところが多いのかもしれません。僕も妻も幼稚園育ちだったので、何となく「保育園より幼稚園の方がいいんじゃないか」と思っていたのですが、その仮説が一気に揺らぎました。

絶望しかけた時、最後に見に行ったある幼稚園に救われたんです。

ここは、感動的なほどに〝激ユル〟だった。運動会の出し物は、大きな布の端を子どもたちが持って「せーの」で上げ下げするだけ。ぎちぎちに練習しなくても、できそうな演技です。

子どもたちは子どもらしく列を乱し、それぞれが伸びやかでリラックスした表情をしていた。運動会を終えて教室に戻る時、先生が一人ひとりを抱きしめていたのもいいなと思いました。

これは経営学の理論とも共通していますが、人が成長するには、自己肯定感を高めることが重要だと僕は考えています。

だから「ここにしよう！」と即決しました。妻も賛成で、こういう時に妻と価値観がそろっていたのは良かったですね。

今は妻も働いているので、その幼稚園で17時半までの預かり保育を利用しています。

結果的には、娘を素晴らしい幼稚園に通わせられて、とても満足しています。

ただ「日本の幼稚園教育を変えないと、本当に優秀なビジネス・イノベーターは育たないのでは？」という仮説は持つようになりました。

1

入山章栄

まずは幼児教育の現場をカオスに

――日本のビジネスの成長のためにも幼稚園改革が必要だ、と。

入山　先日、ある人から「幼稚園を出た子と保育園を出た子で、将来の活躍度を追跡すると、実は保育園出身の方が活躍しているという結果が出た」と聞きました。

この研究の真偽は分かりませんが、もし仮にこの結果が確かなら、興味深いと思います。「幼稚園がダメで、保育園がいい」という単純な問題ではなく、どんな環境を提供しているかという「質」の問題だと思うんです。

僕が考える決定的な違いは「多様性」です。

一般的な保育園は、ひと言で言えば「カオス」。共働きで、比較的裕福な家庭の子もいれば、金銭的に厳しい家庭の子、シングルペアレントの子もいたりして、バックグラウンドが実に多様です。

しかも厚生労働省管轄の保育園は「教育の場ではない」から基本的には、幼稚園よりも

1

教育現場には〝カオス〟が必要だ

先生たちに統一された教育方針がなくて、1日のカリキュラムも緩くて自由時間が多い。いい意味で、子どもを野放しにしている環境とも言えます。

そこで何が起きるかというと、子どもたちのダイバーシティー・ソサエティーが成り立つわけです。

今まさに、日本の経営者が欲しているダイバーシティーが、保育園には自然にある。様々な属性やタイプが入り混じるカオスの中で、子どもは自然と「異と交わるリーダーシップ」を獲得していくのではないでしょうか。

例えば、園庭で遊ぶ時間。ブランコで遊ぶ子、砂場で遊ぶ子と、バラバラに散らばっている中で、「鬼ごっこがしたい」と思ったら、複数の友達を巻き込まないといけません。仲間を巻き込んでやりたいことを実現していく。これは起業家の姿そのものです。

リーダーではなく、フォロワーの資質を発揮する子もいるかもしれない。この疑似体験を幼児期にしているかどうかが、実はものすごい差を生むかもしれません。

ですから、日本政府が本気でイノベーションを起こしたいなら、「まずは幼児教育の現場を〝カオス〟にすることから始めよ」と言いたいですね。

1

入山章栄

子どもたちを公立小学校に進ませたワケ

——早くから多様性のある環境を経験させるのが子育てのポリシーだということですね。娘さんも2018年に小学校に入学しました。今後の教育プランは具体的に描いていますか。

入山　長女も、長男と同じ、自宅近くの公立小学校に入学しました。小学校受験もチラッと考えなくもなかったのですが、夫婦とも忙しく働いていて、塾に通わせる余裕もなく、何もしないまま終わってしまいました。

ただ先ほどと同じ理由で、様々なバックグラウンドを持つ子どもたちが通う公立小学校には、ダイバーシティーを経験できる価値があると思っています。

逆に言えば、「小学校から一貫校に入れたから安心」と簡単に考えるのは、もしかしたら危険なのかもしれません。そういう私立の系列校は、同質性の高い環境になりがちです。そうした環境で長く過ごすと、いざ社会に出た時、異文化に対応できなくなる可能性があります。

1

教育現場には〝カオス〟が必要だ

一貫教育を否定するつもりはありませんが、経営学的な観点から見ると、これほど多様性が求められている時代に、同質性の高い人材を育てる教育に偏るのは、ますますイノベーションを遠ざけるのではないかと危惧しています。

「有名大学に入れるルートを確保すれば、将来の子どもの就職に有利になる」というロジックも今後は怪しくなるはずです。大学全入時代になり、有名私立大でも続々とAO入試を導入して間口を広げている。そんな中で、これからは出身大学のブランド価値は薄れる一方でしょう。

実際、企業の人事担当者は、学生の大学名ではなく、高校名を見るようになったと言われています。

経済学で、学歴は「その人がいかに努力したかのシグナルになる」とよく言われますが、「努力のシグナルとしての大学の名前」の価値が薄れてきているわけです。

大学のブランドを獲得するだけの教育は過信しない方がいい。早稲田大学の教員の僕が言うのも何ですが……。

ちなみに僕は、5〜6歳の頃、右と左の区別ができないような子どもだったのですが、たまたま当てずっぽうの答えが当たって入学試験に受かり、学芸大学附属の小学校に入りました。その後、中学・高校と出て、一浪して慶応義塾大学に入っています。

妻は中学受験の経験者。教育の善しあしは、結局は個人の経験からしか語れないのが難しいところですね。

自分で納得できる人生を歩んでいたら、中学受験経験者は「中学受験がいい」と言いたくなるし、高校受験経験者は「いや、高校からでしょ」と考える。

唯一の基準が自分の経験で、それ以外の経験とは結果を比較しようがありません。

だから夫婦間のすり合わせは結構難しい。うちもまだ完全な結論は出ていません。

――将来の海外経験についてはいかがですか。グローバル教育に関心はありますか。

入山　前向きに考えています。具体的には決めていませんが、いつか家族一緒に海外で暮らす期間を少しでもつくれたらいいなと思っています。

本当はパリに憧れるけれど、やはり子育てを考えるとアメリカですかね。

息子も6歳まで過ごしたアメリカの生活をたまに思い出すらしくて、「懐かしいな」と言ったりします。

ただ子どもならではの順応力で、すっかり日本の暮らしに染まっています。今は「宇宙戦隊キュウレンジャー」（取材時に放送されていたテレビ朝日系の戦隊ヒーロー番組）と「月刊コロコロコミック」「スプラトゥーン」とヒカキンさんのことしか考えていません（笑）。

――ほかに日本の教育システムで気になる点はありますか。

入山　多様性に対応する教育を目指してほしいですね。

同時に、縦割のセクショナリズムを取り払う必要があるとも思っています。

例えば科目別教育。僕が尊敬するニューヨーク州立大学ビンガムトン校教授の佐山弘樹先生は、物事の原理原則を理解するのに、国語、算数、社会、理科……と科目を明確に分けるのは不自然なことかもしれないとおっしゃっています。社会に出て意思決定する時には、頭の中ですべてをつなげた状態で思考しているはずですから。

文系、理系という分け方もナンセンスでしょう。

理系出身者しかコンピュータサイエンティストになれないわけではないですし、自然言語の能力も問われるはずです。

世界で勝てるリーダーを育てるには、様々な分野を自由に行き来する、総合的な判断力を培う教育を目指してほしい。それが僕の希望です。

1

入山章栄

家族はいつも一緒にいよう

――夫婦で決める子育ての方針として、特に重視してきたことはありますか。

入山　「家族はいつも一緒にいよう」ということですね。これは夫婦共有の価値観かもしれません。アメリカでも日本でも、いつも4人で一緒に動いてきました。僕の職業がそれを許した部分と、妻の寛容さが大きいですが。会社勤めだと、単身赴任もやむを得ない場合がありますから。

長男はもう10歳になったので、いつまで一緒に行動してくれるか分かりません。けれど、今でも寝る時は4人で川の字です。一緒の布団で寝るだけで、子どもたちがすごくうれしそうなんです。

共働きだと「関われる時間が少ないから、十分に愛情をかけられない」と悩む人もいるようですが、僕はそうは思いません。むしろ時間に限りがある方が、濃密な過ごし方ができるはずです。「可能な限り愛情を注ぐ」のは、夫婦でずっとやってきたことですし。

1

教育現場には〝カオス〟が必要だ

――子育てで迷いがちな点についていくつか教えてください。まずはお小遣いについて、どうしていますか。

入山　お小遣い制はまだ導入していなくて、欲しいものがあれば申請を受け付けています。けれど、子どもたちにはあまり物欲がないようで、「あれが欲しい」「これが欲しい」とはあまり言いません。

今後そういう意思表示があったら、検討していこうと思っています。

――ゲームについてはいかがでしょうか。

入山　ゲームに関しては、僕は少し妻と意見が違っています。

僕は、「ゲームをやりたいなら無制限にやっていい」という考えです。ゲームに限らず、本人がやりたいと思うことは何でも、ということなんですけれどね。

これは、僕が母からしてもらったことがベースになっています。

母はとにかく、僕の意思を尊重して自由にさせてくれた。高校時代、僕はハンドボール部に所属していて、高校3年の夏にインターハイ予選で負けた途端、燃え尽きて、しばらく学校に行かなくなったんです。別に学校が嫌いになったわけではなくて、単に気が抜けてしまった。

朝起きたらゆっくりとお風呂に入って、10時くらいからようやく学校に行くような生活を送っていました。学校に行くふりをして、友達と雀荘に入り浸ったことも多々あります。親にはばれていたと思うんですが、何も言われなかったですね。

大学には自宅から通っていましたが、「ドラゴンクエスト」の新作が出ると、「お母さん、僕はこれから1週間くらい部屋から出ないから」と言って、自室にこもってドラクエ三昧。そんな息子を、母は特にとがめずに放置してくれた。

僕は、親とはこういうものだと思っていたんですが、「いや入山、それは普通じゃない」と周りに言われて、母の偉大さに気付きました(笑)。

一事が万事こんな調子で、僕が「やってみたい」と意思表示したことに対して、母から否定されたことは一度もありませんでした。

それって実は、すごく大事な気がしています。

僕は、「こんなことをやってみたい」と自ら発したり、その通りに行動したりすることに抵抗がない。そして、他人も同じように受け入れることができるんです。

「入山さんが登壇するイベントはいい雰囲気で盛り上がる」とよろこんでもらえますが、もしそうだとしたら、それは僕が「何でもありですよ」という空気を醸し出しているからかもしれません。

妻には僕のような経験がないので、結構細かく子どもに口を出したくなるようです。逆に僕は、息子が床にボーッと寝っ転がっているのを見ると、「いいぞ、いいぞ。いくらでも転がっとけ」と言いたくなります（笑）。

子育ては「正解のない究極の学習」

――ほかに子育てを円滑にするための工夫はありますか。

入山　すごく助かっているのは、クルマで15分の距離に住んでいる母のサポートです。僕たちが甘えすぎない、ほど良い距離を保つためにも同居はしていませんが、週に1回、多い時は2回、来てもらっています。妻が海外出張に行く時はもっとですね。

母はもともと家事が得意で、子どもたちもすっかり懐いている。

高齢なので体力と相談しつつではありますが、家族の中で頼られていることが母の健康

1

入山章栄

寿命を延ばすのに一役買っているとも感じています。

僕がうれしいのは、妻と僕の母の仲が良いことです。母が来てくれている日に、僕が遅くなって帰宅したら、2人でワイン片手にほろ酔いでしゃべっていたりする。

「お義母さん、いつもすみません」と言っている裕実に、母は「いいのよ。私は子どもが生まれたあとは家庭に入って、働かなかったことを少し後悔しているから、あなたは思い切りやりなさいね」と。

建前かもしれないけれど、妻と母がこういう会話をしているのは、うれしいじゃないですか。

何だかいいことばかり話していますが、実際には嵐のような衝突を経て、少しずつ学習して、やっとここまで来たという感じです。

子育ては、「正解がない究極の学習」。このひと言に尽きます。

あなたにとって、子育てとは？

正解がない
究極の学習
経営学より面白い！
入山章栄

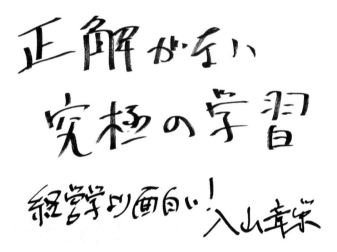

2

毎年、夫婦で
子育てビジョンを策定
「引っ張るより、子どもの
体験に寄り添いたい」

玉川憲の場合

ソラコム社長

たまがわ・けん

ソラコム社長

1976年大阪府生まれ。
東京大学大学院工学研究科修了後、
日本IBM基礎研究所に入社し、
2006年からアメリカ留学。その後、
アマゾンデータサービスジャパン(当時)
に転職し、技術統括部長兼
エバンジェリストとして活躍。
2015年にIoT(モノのインターネット)の
プラットフォームを提供するソラコムを創業。
2017年8月にKDDIによる
大型買収を決めた。

家族構成 (2018年7月時点)

妻(専業主婦)　長男(小学生)
長女(小学生)　次女(幼稚園児)

東京都在住

Developer

2

引っ張るより、子どもの体験に寄り添いたい

――IoT（モノのインターネット）専用のSIMカード事業で注目されるソラコムが、子だくさん企業であると聞きました。本当でしょうか。

玉川　本当です。僕自身も三児の父親ですが、35人いる日本オフィスの社員のうち、子どもが3人いる社員は4人で、子どもが5人いる社員もいます。もともと子だくさん企業だったわけではありませんが、入社してから家族が増えたケースが多く、先日も社員に双子が生まれたと聞いたばかりです。経営者としてはよろこばしいことですね。

社員が「この会社の未来は明るい」と思わなければ、子どもを増やそうとは思いません。ですから、子だくさん企業だということは、社員が会社の成長を期待してくれている証拠だと思っています。

――働き方も、柔軟なスタイルを徹底しているそうですね。

玉川　勤務する時間は基本的に自由です。朝型の人も夜型の人も、自分の生産性が上がる時間帯に集中して働ける方がいいと思っています。

社員には「満員電車には乗らないでください」ともお願いしています。満員電車に乗ると消耗するだけでマイナスなことしかありません。

僕もラッシュ時間を避けて会社に来るようにしています。例えば今日は、朝10時からこ

の取材があったので、電車が混み始める前の7時台に出社して、仕事をしていました。毎日11時の全社会議には全員が参加しますが、それでも半数くらいはリモート（遠隔）参加で、全員がオフィスにそろうことは滅多にありません。

働く場所も時間も自由に選んでもらっていい。それで全く問題はありません。

2

玉川 憲

休日は、よほどのことがない限り家族の時間

――玉川さんの普段の仕事と子育てのスタイルについて教えてください。

玉川　朝は何もアポイントメントがなければ、家で仕事をしてからゆっくりと出社します。平日の夜は会食で遅くなることが多いですね。

オンとオフはきっちりと分けている方で、子どもと過ごす時間は平日の朝と、週末にどっぷり。朝は必ず家族で朝食を取るようにしていて、ちょっとしたクイズを出し合いながら、子どもたちと会話する時間を取っています。

週末はよほどのことがない限り、家族との時間にあてています。たまにアメリカとの電話会議が土曜の朝にかかることもありますが、たいていは完全オフにしています。

2

平 日

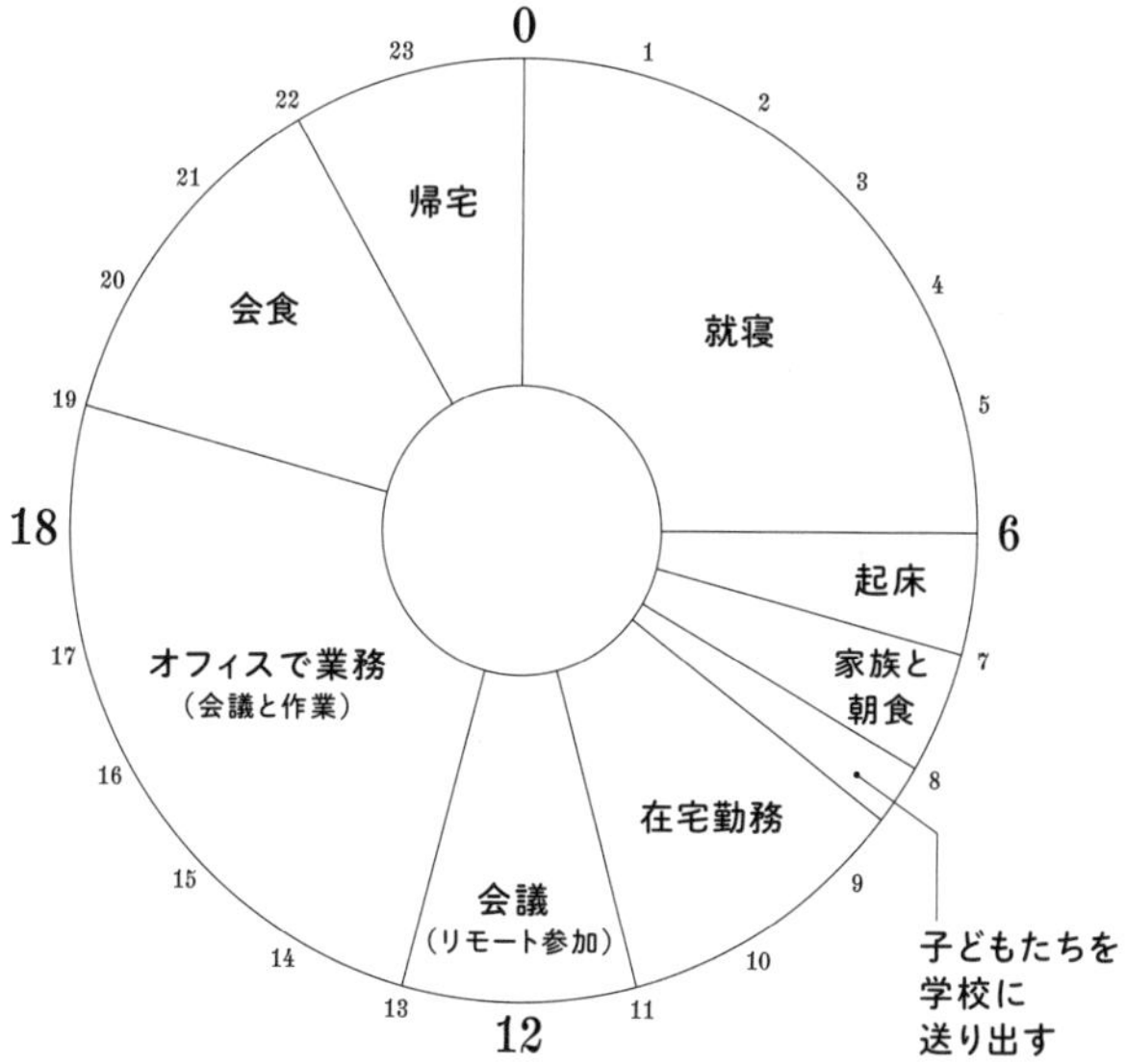

6:00	起床	13:00	オフィスで業務（会議と作業）
7:00	家族と朝食	19:00	会食
8:00	子どもたちを学校に送り出す	22:00	帰宅
8:30	在宅勤務	24:00	就寝
11:00	出勤、会議（リモート参加）		

2

休　日

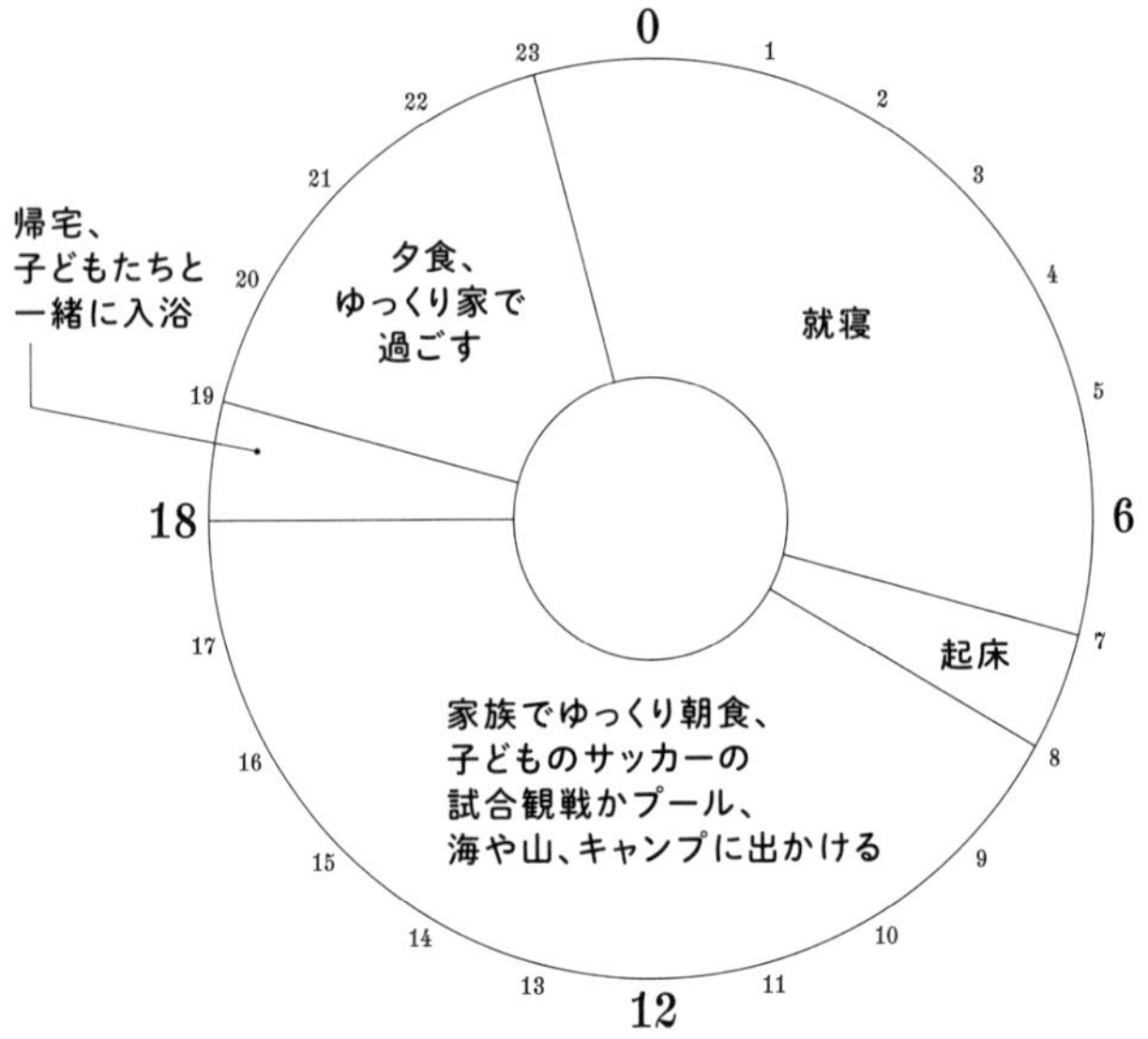

7:00	起床	18:00	帰宅、子どもたちと一緒に入浴
8:00	家族でゆっくり朝食、	19:00	夕食、ゆっくり家で過ごす
	子どものサッカーの試合観戦か	23:00	就寝
	プール、海や山、キャンプに		（子どもたちは21時には就寝）
	出かける		

――週末は何をして過ごしているのでしょう。

玉川　アウトドアなどのプランを立てて出かけることが多いですね。山や海に遊びに行ったり、フルーツ狩りに行ったり。川遊びやキャンプもよくやります。子どもたちには、自然の中で体を使って楽しむ遊びに親しんでほしいと思っています。

――お子さんとの時間を積極的に取ろうとしているのですね。

玉川　子育てで最も重要だと考えているのは、とにかく一緒に時間を過ごすことです。何かを教えたり、与えたりすることよりも、ただ、子どもの日常に寄り添う時間をたっぷりと取ることを大切にしています。

経営者のジレンマとして、子どもへの愛情のかけ方が足りないと感じると、ついお金で解決しようとしてしまうかもしれません。経済的に余裕のあることが、かえって子育ての弊害になる可能性があるわけです。僕は絶対にそうしたくなくて、自分の時間をいかに与えられるか、人生を分け与えることにこだわりたいと思っています。

2

玉川 憲

父親に「生きる自信」を教えてもらった

――そう思う背景には何があるのでしょう。

玉川 一つは、僕の父親の影響です。父は大阪で配管業をゼロから立ち上げた経営者の先輩です。僕が小さい頃にはとにかく外に連れ出して、一緒に遊んでくれました。それも、「生きる自信」を身につけられる遊びに連れて行ってくれたんです。

例えば小学校低学年の頃には、よく若狭湾で素潜りをして遊びました。当時はまだ地元の漁師さんが大らかで、「自分の家で食べるくらいならいいぞ」と言ってくれて、貝や魚を獲っていました。すごく楽しかったし、あの経験があるから僕は今でも、「無人島に流されても何とか食っていける」と自信を持つことができています。

僕は、大阪の少し荒っぽい地域で生まれ育ち、中学校まで公立で過ごして、私立高校、東京の大学へ進学する中で、いろんな環境で育った友達と知り合いながら、いろんな風景を見てきました。その中で、子どもの精神面の基盤をつくるのは、家庭が裕福か貧しいか

2

子育てQ&A

Q.	A.
教育プランは？	夫婦ともに公立校で育ったため、 今のところ公立進学が濃厚。 海外経験はさせたい。
習い事は？	長男はサッカークラブと プログラミング、英語。 長女はダンス、水泳、ピアノ。 次女は体操、ピアノ。
お小遣いは？	月に数百円のお小遣いのほか、 欲しいものは申請制。 「○○ができたら」と達成条件をつくる。
スマホやゲーム などのデジタル デバイスは？	ゲームは1日30分まで。
子どもが よろこぶ 得意料理は？	料理は妻が 頑張ってくれています。
子育てを円滑に するための 工夫は？	職場の働き方を自由化。 妻と毎年、「子育てビジョン」を すり合わせる。

と感じるようになりました。

ではなく、親が分け与えた時間の絶対量が少ないと、子どもの精神面は十分に養われない

――「自分の時間を与えて子どもに向き合う」とはどういう行動を指すのでしょうか。

玉川　僕がやってきたことの一例を挙げると、長男との「リフティング100回チャレンジ」があります。長男はサッカーが好きで、うまくなりたい気持ちが強い。そこで、「やってみるか?」と提案して、僕も毎朝、練習に付き合いました。

挑戦するのは長男なので、僕はただ近くで見守っているだけです。けれど、彼の努力の過程を見続けることが大事だと思ったんです。子どもは気持ちにブレがあるので、練習に行きたくない時もある。だから一緒に練習に行って、ほめて、叱って気持ちを支える。

自分のことではないので一筋縄ではいきません。子育ては大変ですね(笑)。

2017年春から始めて、毎朝リフティングの回数を数えながら、連続100回できるまで頑張って、その年の年末に達成できたんです。けれどその日に限って、僕は早朝会議で家にいなくて、息子が泣いてよろこんで抱き合った相手は妻でした(笑)。

ただ僕は、息子に感謝されたくて見守り続けたわけではないし、「できなかったことが、

努力の継続によってできるようになった」というリアルな体験をしてほしいと思っていた。たまたま息子がサッカーが好きだったからリフティングに挑戦しましたが、この経験は、何にでも応用できる彼の自信になると思っています。

毎年、妻と一緒に決める「子育てビジョン」

――子育ての方針は夫婦で共有しているのでしょうか。

玉川　かなりしっかりと共有しています。わが家では、毎年妻と話し合って「子育てビジョン」を決めていますから。大体は年末年始に外出した時、ドライブをしながら妻と話して決めることが多いですね。子どもたちが後部座席でジブリ映画に夢中になっているうちに話し合います。

――どんなことを決めているのでしょうか。

玉川　18歳になった時にどんな子に育ってほしいかというビジョンを、男の子と女の子に分けて決めています。例えば男の子なら、「たくましくて優しくて楽しい男の子」といったように。最近は「男女で分けるのはどうなのか」と夫婦で議論するようになりました。

3人の子どもは、それぞれ個性や得意、不得意が違う。そこで、3人それぞれの特徴をまとめた上で、強化ポイントを挙げています。

1番上の小学校高学年の長男は、何でも割と器用にこなして、運動も勉強もできる方なので、「両方伸ばしてあげたいね」と話し合いました。

2番目の長女は、人の気持ちを感じる力に長けているので「そこをほめていこう」、3番目の次女は未知数なところが多いけれど最も元気なので、「どんどんエネルギーを発散させよう」と話し合いました。

そして最後に、こうした傾向や特徴を踏まえた上で、「今年1年間、どんな遊びを積極的にやっていくか」という方針を決めています。

――まるで経営計画のようですね。いつ頃から導入しているのでしょう。

玉川　このスタイルが定まってきたのは3年くらい前からです。長男が就学して段々と長短が見えてきたのがきっかけでした。なぜこれをやっているかというと、子育てではやはり、夫婦の価値観をできるだけ一致させることが大事だと思っているからです。

父親の言うことと母親の言うことにズレがあると、子どもたちはどうしても迷ってしまいます。夫婦にとって最大の共通課題とも言える子育てについて密に話しておくことは、夫婦の関係を安定させて、子どもが安心できる基盤になるはずです。

——ご長男が成績優秀とのことですが、進学塾には通わせていますか。

玉川　これも夫婦で話し合った結果、長男は塾に行かせないことに決めました。首都圏の中学受験は過熱する一方で、少し前までは「5年生から塾に行けばいい」と言われていたけれど、どんどん低学年化しています。妻は周りの友達が子どもを塾に通わせているから焦る気持ちもあったようです。

ただ、「でも、そもそもさ」という話をしたんです。

人間が子どもから大人へ成長する過程で、「どの時期にどんな身体機能が伸びるのか」という俯瞰《ふかん》した視点を持つことが大事ではないかと思っています。

僕なりに情報を集めた結果、小学4～6年生の時期には、運動神経系が一番伸びる時期なのだと知りました。いわゆる〝ゴールデンエイジ〟という時期とも重なる。

ならば、毎晩遅くまで蛍光灯の下に縛り付けるのではなく、外で思いきり体を動かして遊ばせる時間を取った方がいい。それに、長男は自分で勉強してある程度の成績はキープしている。当面は今のままでいいんじゃないかと思いました。もちろん、本人が「塾に行きたい」と言いだしたら聞きますし、2番目以降の子どもたちをどうするかは未定です。ただ長男は、父親の仕事に興味を持ったのか、自分から「プログラミングを習いたい」と言いだしたので、専用のパソコンを与えて、最近は教室にも通い始めました。

引っ張るよりも、寄り添いたい

――子どもが興味を持つ分野について、「子どもの自由に」と言いながらも、親心からつい「こっちに関心を持ってほしい」と誘導することはよくあります。

玉川　できるだけ誘導しないようにしたいですね。僕は、仕事ではきっちり方針を示して、グイグイと引っ張っていくタイプですが、子育ては逆でありたいと思っています。周りを見ても、頭が良くて仕事ができる人ほど、子育ても先回りして引っ張る人が多いようです。けれど僕は、できるだけ寄り添うことに徹したい。

習い事も、今、僕たちが見ている世の中の風景は5年後、10年後には、劇的に変わるはずです。仕事で必要になる能力も変わるでしょう。英語より中国語のスキルが重視されるかもしれません。今、注目されているプログラミングだって、5年前にはほとんど話題に上りませんでした。

「何を身につけさせるか」はあくまで手段で、そこにとらわれて右往左往するよりも、「18歳の時に優しくたくましく育っていてほしい」くらいの大きな目標だけ決めて、ブレなければいいと思っています。

ただし、子どもは1年で大きく変化するので、定期的に観察して、目標とすり合わせることが大事になります。だから「子育てビジョン」を毎年改定しているんです。

人生の成功に学歴は関係ない

――学校のプランについては考えていますか。

玉川　今のところは公立でと考えています。僕も妻も地方出身で、公立の教育方針で育ってきたので、「私立に進んで当たり前」という首都圏の感覚になじめていない部分も正直あります。「いやいや、公立でもいいでしょう」と思っています。

ただ、これも公立絶対主義に偏らず、ゼロベースで考えようと妻と話しています。特に長男はアメリカで生まれてアメリカの国籍も持っているので、どこかで英語の環境を経験させてあげたいですね。

僕が「人生の成功に学歴は関係ない」と知っているから、過剰な学歴競争には巻き込ませたくないという気持ちがあります。

仕事柄、いろんなベンチャー起業家と会いますが、成功している人の中には、学歴面で挫折経験のある人も少なくありません。世間で言う「いい大学」を出た人が全員幸せそうかというと、決してそうではないという発見もありました。

ですから学歴を整えるより、どんな状況でも人生を楽しむ力を身につけることの方がずっと大事だと思っています。

ゲームは1日30分、夜21時就寝

——お子さんに禁止していることはありますか。

玉川　ゲームは1日30分まで。これは単純に目が悪くなるからと説明しています。あと、うちは夜21時就寝を厳守していて、少しでも過ぎると厳しく叱っています。

子どもは成長するのが仕事で、成長のために睡眠は不可欠。宿題を片付けるより、早く寝る方が大事。おいしいものを食べて、遊んで、寝る。これだけで十分です。

お小遣いは、貯金の習慣をつけるためにごく少額をあげていて、長男が月400円くらい。本やゲームといった欲しいものは、その都度、親にプレゼンして、それが正当な理由なら買ってもらえるルールにしています。

書籍は割とすぐに買っていますが、ゲームは「○○を達成したら」と条件を付けることが多いですね。「サッカーで30ゴール決めたら」という達成目標を決めたら、ものすごく積極的にゴールを狙うようになりました。半年後に達成したので、ゲームを買ってあげました。

先ほどのリフティングもそうですが、親が言いっ放しにしないように気を付けています。言ったからには、ちゃんと付き合う。

――子どもとの向き合い方は、社員の育成に通じる部分がありますか。

玉川　僕の場合、それはあまりありません。なぜかというと、うちの会社は中途採用が中心で、すでに成熟した大人が集まる組織です。自分の仕事を自律的に進めることのできる「自走組織」をつくりたいと思っていて、それができる人を集めています。

ですから子どもたちには、将来、うちの会社みたいな自走組織で活躍できる大人に育ってほしいと思っています。

――お父さんの仕事について、お子さんはどのくらい理解しているのでしょうか。

玉川　「ＳＩＭ屋さん」だと思っているようです。小学生の娘が手紙に書いた僕の仕事中のイメージは、「いらっしゃい、いらっしゃい。ＳＩＭ、たくさんあるよー」でした。

展示会に連れて行って、子どもたちにビラ配りを手伝ってもらったこともありました。仕事現場を見ることも勉強になると思って、長男は中国・深圳《しんせん》出張に連れて行きました。

僕は前職でアマゾングループに勤めていましたが、創業者のジェフ・ベゾス氏は来日時、必ず子どもを一人連れてきていました。「ああいうの、いいな」と思っていたんです。中国や東南アジアにはファミリー経営の企業も多く、ビジネスミーティングに子どもを同席させることも珍しくありません。

僕も事前に「邪魔しないようにさせるので、会議に同席させていいですか」と先方に話をして連れて行きました。全く違和感はありませんでしたね。

親が教えるより、現場を体感させる

――仕事現場を子どもに見せることで、何を伝えようとしているのでしょう。

玉川　働くってどういうことなのか、ぼんやりとでもいいから感じてもらえたらいいなと思っています。

実際に出張に連れて行ってみると、僕たちの世代とは明らかに違う感覚で世の中を見ています。僕と同世代の妻は、「中国は日本を追いかけている国」というイメージを持っていますが、深圳でＱＲコード決済や電動バスを目の当たりにした息子は、「中国の方が日本よりもずっと進んでるよ！」と言いました。

そんな「今の感覚」を素直に持ってもらうには、親のフィルターを通して教えるよりも、現場を体感させた方がいい。

彼は将来、中国企業で働くことに何の抵抗も持たないでしょうね。

2

玉川 憲

――お子さんから「お父さんは何のために働いているの」と聞かれたらどう答えますか。

玉川 「ソラコムというサービスを一生懸命、チームの仲間と一緒につくっていて、それをお客さんに提供した時に『すごいのが出たね』『便利だね』と言ってもらえるのがうれしい」と答えるかな。

良いものをつくって人によろこんでもらう。それを一人ではなく、チームで実現して、チームのみんなとよろこび合える。それが「いい仕事」だよ、と伝えたいですね。

もちろん仕事にはいろんなステージがあるし、自分の体力や時間を提供して報酬を得ることを優先する時期も、人生にはあると思います。僕も高校時代、バイクが欲しくて、時給700円の皿洗いのバイトを遅くまでやっていました。

けれど一方で、知識やスキルを身につけながら経験を重ねることで、人はより自由になれるし、自分の責任でリスクを取れる範囲が広がっていく。

それが成長だと思うので、その成長プロセスは、ぜひ踏んでいってほしいですね。

「玉川の子どもだから全部すっ飛ばしてラクできる」といったことは、絶対にさせたくありません。

積み上げて達成することこそ、人生のよろこび

――成功した起業家ならいくらでも子どもにラクをさせられます。そうはしたくない、と。

玉川　ソラコムを継がせたいとは思いませんし、財産を残したいとも思いません。子どもたちには自分の人生を自分で積み上げていってほしい。僕自身、達成して積み上げるよろこびこそ、人生のよろこびなんだと思っていますから。

逆に全部渡されて、「ここから絶対に下げるなよ」と言われる方が辛いでしょう。

――お子さんが将来なりたい職業を決める上で、どんなサポートをしていきたいですか。

玉川　本人が興味を持つことを否定せず、できるだけ情報を与えることだと思っています。一見、華やかに見える職業のリアルな側面もあえて見せたりしています。

例えば長男はサッカーが好きなので、「サッカー選手になりたい」と言っています。僕は「なれたらすごくいいよね」と返します。同時にプロの試合を観に行った時、「ほら、あっちを見て。試合中、ずっとベンチに座っている選手もいるよね」という話もします。

2

玉川 憲

サッカーでも何でも、夢中になっていることから普遍的な学びを得て、たくさんの選択肢から将来を考えていってもらえたらいいですよね。

――お子さんから玉川さんが得ているものはありますか。子育ての経験がビジネスに還元されていると感じることは。

玉川　あまり子育てと経営をつなげて考えたことはなかったんですが、今思えば、僕は子どもが生まれるたびにキャリアのステージを変えてきました。留学中に1人目が生まれて、2人目が生まれた時に転職した。3人目が生まれた時に起業しています。「俺も生まれ変わるぞ」というエンジンになっていたのかもしれません（笑）。

子どもが生まれてから、日々受け取っていたのは、「うわぁ、お前らめっちゃ成長するな」という驚きです。ハイハイしていたのが、いつの間にか立ち上がって、歩きだし、しゃべって……と、ものすごいスピードで成長して、上しか見ていない。

人が成長するパワーを毎日見せつけられていると、自然と自分も成長したくなります。子どもたちからすごいものをもらっていたことに、今、気付きました。

――これから先、どんなふうにお子さんと関わっていきたいですか。

玉川　これからも一緒にたくさんの時間を過ごして人生を分かち合っていきたいですね。

僕は経営者になって、自分や社員の働き方を創造できる立場だから実践できていますが、もっと多くの人が子育てを前向きに楽しみながら働ける社会になるといいですね。

僕の父親もそうですが、団塊世代の先輩方はずっと成長路線で生きてきて、〝人生の広げ方〟はよく知っている。けれど〝人生の閉じ方〟が分からずに迷っている気がします。仕事を手放した時に残るのは、すごく近い友人と家族だけです。その家族といかに向き合って人生を美しく閉じていけるか。

将来を見通しながら今しか体験できない子どもとの時間を大切にしていきたいですね。

2

玉川 憲

あなたにとって、子育てとは？

人生を
分かちあうこと
玉川 憲

3

息子を寝かしつけながら
ビデオ会議も
「経営層が子育てに
関われば大企業も変わる」

綱場一成の場合

ノバルティスファーマ社長

つなば・かずなり

ノバルティスファーマ社長

1971年広島県生まれ。
1994年東京大学経済学部卒業後、
米デューク大学大学院にて
MBA(経営学修士号)取得。
総合商社勤務を経て、米イーライリリーで
セールス、マーケティングに従事。
同社日本法人営業所長、
プロダクトマネジャーなど歴任し、
2009年に同社香港法人社長に就任。
同社日本法人糖尿病事業本部長、
同社米国本社グローバル
マーケティングリーダー、
オーストラリア・ニュージーランド法人
社長を経て、2017年4月から現職。

家族構成 (2018年7月時点)

妻(外資系企業勤務)
長男(2歳)　次男(0歳4カ月)

東京都在住

3

経営層が子育てに関われば大企業も変わる

――綱場さんは次男の誕生を機に、2018年2月、2週間の育児休業を取得しました。売上高2500億円の大企業のトップが育休を取ったというニュースに、背中を押された男性も多かったのではないでしょうか。

綱場　2017年11月、弊社は「イクボス企業同盟」に加盟しました。その時に、育休の取得を宣言したのですが、思ったよりも問題なく受け入れてもらえました。

私の場合、妻が帝王切開で出産することが決まっていて、夫婦ともに両親が遠方に住んでいて頼れない状況でした。出産前後の家事や長男の世話、入院中の妻をサポートする役割は、自然と私が引き受けることになります。ですから、「働き方改革の一環としてトップ自ら育休を」というような手本を示す狙いよりも、純粋に育休を取得しなければならない事情があったのです。

男性の育休取得というと、これまでは働き方の融通が利きやすいベンチャー企業の経営者やその社員の方々が主役だったかもしれません。

けれど、これからはもっと大きな企業や、歴史のある堅い業界でも、経営層の育休取得が当たり前になれば、日本の働き方は大きく進歩するでしょうね。

3

綱場一成

――有無を言わさず必要だから育休を取った。これは女性と同じ感覚ですね。奥さまは、どのような働き方をされているのでしょうか。

綱場　妻は他社の外資系企業でフルタイムで働いています。彼女は彼女で自分のキャリアを大切に築いていています。フェイスブックCOO（最高執役責任者）のシェリル・サンドバーグ氏が『リーン・イン』（日本経済新聞出版社）で語っていた「女性はハシゴではなくジャングルジム型で、様々なアプローチで高みを目指していっていい」という考え方に共感しているようで、私の海外駐在期間もキャリアを途切れさせることなく仕事をしてきました。

彼女の勤務先の会社が女性登用に非常に積極的で、パートナーの赴任先でも新しい役職を見付ける体制が整っているんです。これは見習うべきですし、当社もこういったサポートに力を入れていきたいですね。

私も社長業で月に1回は海外出張があり、忙しくしています。同じように妻も日々忙しくしていますから、夫婦で連携・協力することがわが家の子育てには不可欠です。

そうは言っても、そんなに力を入れて頑張っているわけではないんですけれどね。

平　日

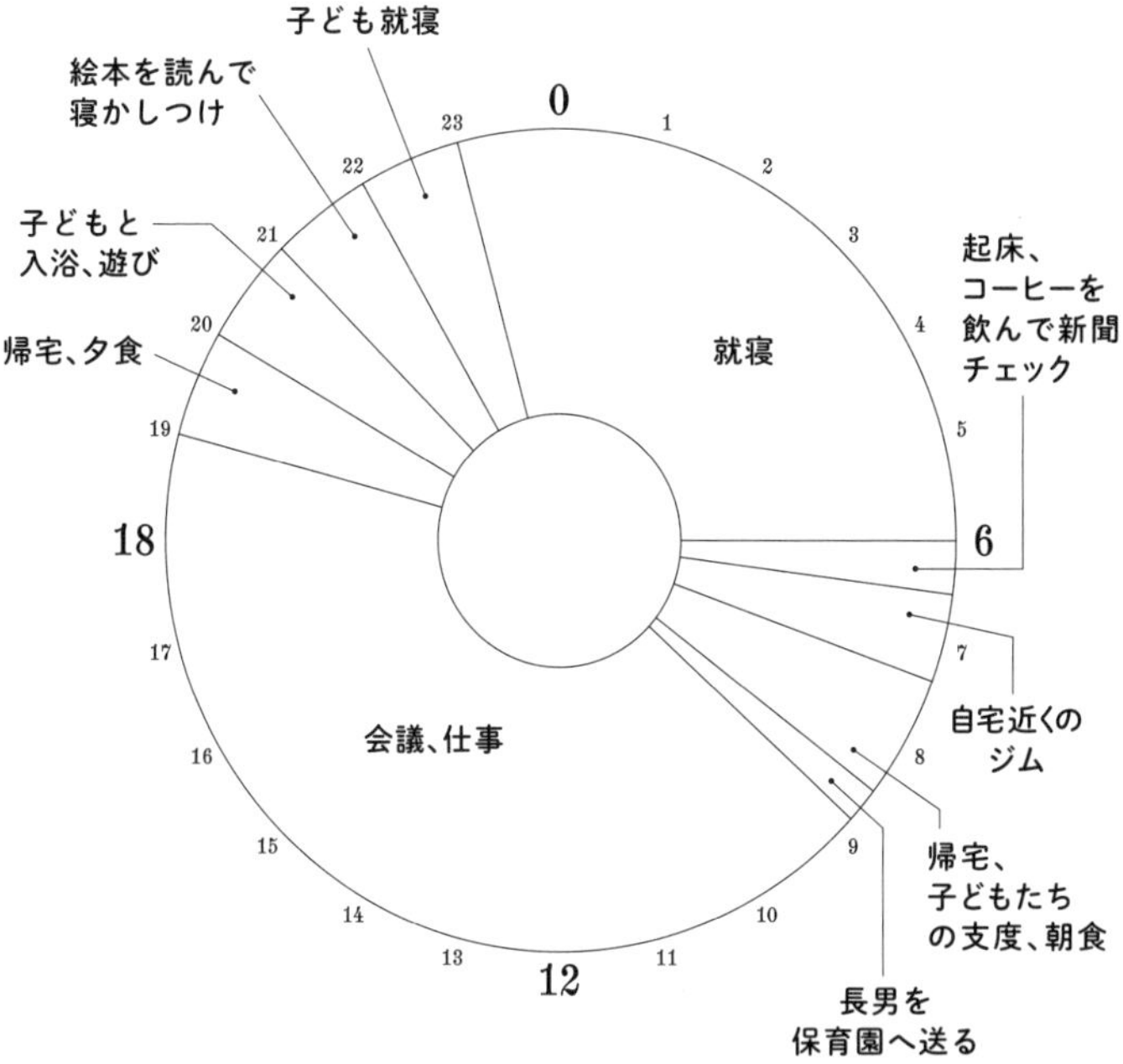

6:00	起床、コーヒーを飲んで	19:00	帰宅、夕食
	新聞チェック	20:00	子どもと入浴、遊び
6:30	自宅近くのジム	21:00	絵本を読んで寝かしつけ
7:20	帰宅、子どもたちの支度、朝食	22:00	子ども就寝
8:30	長男を保育園へ送る	23:00	就寝
8:50	出勤、会議、仕事		

休 日

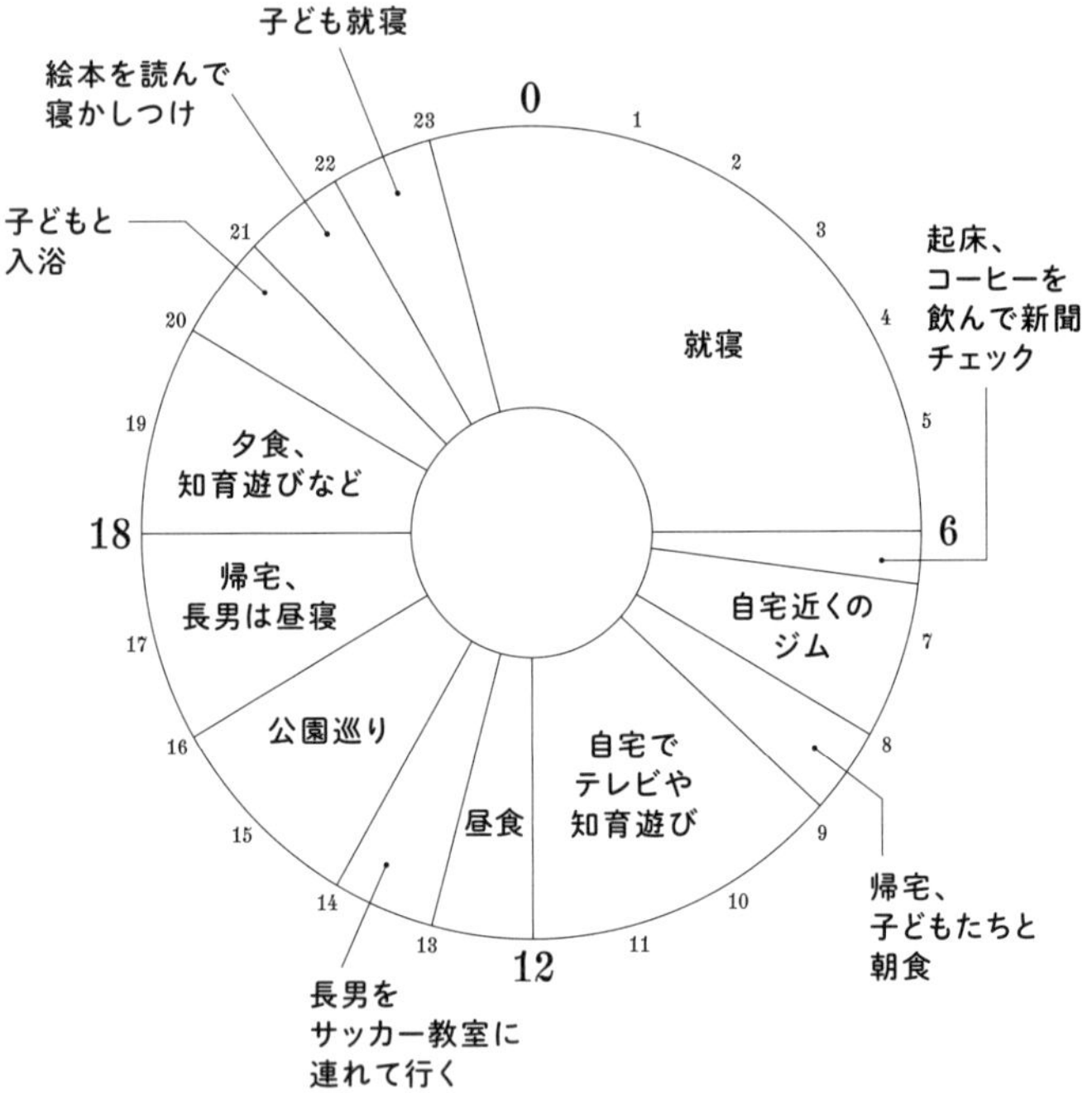

6:00	起床、コーヒーを飲んで	14:00	公園巡り
	新聞チェック	16:00	帰宅、長男は昼寝
6:30	自宅近くのジム	18:00	夕食、知育遊びなど
8:00	帰宅、子どもたちと朝食	20:00	子どもと入浴
9:00	自宅でテレビや知育遊び	21:00	絵本を読んで寝かしつけ
12:00	昼食	22:00	子ども就寝
13:00	長男をサッカー教室に連れて行く	23:00	就寝
	(日曜日は図書館)		

移動というデッドタイムをゼロに近づける

――育休から復帰して4カ月経った今の生活パターンを教えてください。

綱場　平日は朝6時頃に起きて、コーヒーを飲みながら新聞をチェックします。その後、私は家から徒歩3分のジムに向かいます。体を動かすのが好きで、週5回のジム通いは、20年以上続けています。1時間程度汗を流してから、帰宅する頃に妻が、そして2歳の長男と4カ月の次男が起きてきます。

冷蔵庫に用意してある朝食を食卓に並べて食べさせて、8時頃には妻が次男を連れて保育園に。次男が生後10カ月になるまでは、長男と同じ保育園に預けられないので、一時的に別々の保育園に通わせているんです。次男が産まれるまでは、朝の送り担当は私だけで済んでいたのですが、今は妻の負担が増えていますね。

妻と次男を送り出してから、長男を保育園に連れていくために指定のポロシャツに着替えさせるのですが、本人が嫌がるのでひと苦労です。何とか支度をして、8時半に保育園に送り届け、8時50分には会社に到着しています。

3

綱場一成

──朝のバタバタ具合に親しみを感じます。

綱場　皆さんと同じだと思いますよ。少しでも効率化するために、自宅、職場、保育園、ジムといった、毎日行き来する場所の距離をできるだけ短くして、移動というデッドタイムをゼロに近付けること。それを念頭に家を探しました。

夜は大体、19時くらいには会社を出るようにしています。会食や海外との電話会議などで帰りが遅くなる日は、週3日までと決めています。会食に行く時も、2次会以降は行かないようになりました。遅くとも夜21時半には帰宅して、子どもに絵本を読んでから、22時までに寝かしつけるのが、基本のルーティンです。早めに会社を出られそうな日は、保育園のお迎えに行くこともあります。週に1回くらいですね。

妻とは、グーグルカレンダーで予定を共有して、すれ違いを防止しています。「この日は遅くならないって言ったじゃない」とならないように。先週、妻は育休から復帰して初めて懇親会に参加して、少しは羽根を伸ばせたようです。きっちりとパターンを決めることで、何とか毎日、回せています。

──休日はどのように過ごしていますか。

3

子育てQ&A

Q.	A.
教育プランは？	保育園はインターナショナルのモンテッソーリ系。 語学教育は重視したい。
習い事は？	長男は2歳からサッカー教室に通わせている。
お小遣いは？	まだ与えていません。
スマホやゲームなどのデジタルデバイスは？	長男は今時の子らしく、縦横無尽にスマホで動画や写真を見ている。 もう少し大きくなったらルール化も検討予定。
子どもがよろこぶ得意料理は？	料理はひと通りつくれるが、 週末のBBQ（バーベキュー）は得意。
子育てを円滑にするための工夫は？	外注と合理化で家事は効率的に。 その分、夫婦で子どもたちに120%の笑顔を。

3

綱場一成

綱場　次男が手のかかる時期ですし、長男は元気いっぱいで遊びたい盛りなので、土日ともたっぷりと一緒に過ごします。

朝はジムから帰って8時半くらいから朝食を取り、午前中は家でテレビを見せたり、「ベビークモン」で遊んだりしています。ハサミの使い方、鉛筆の持ち方、「あいうえお」などを遊び感覚で覚える教材で、長男も気に入っているんです。

昼食を終えたら、土曜日は昼の13時からサッカー教室に行きます。運動は、早めに好きになってほしいと思っていて、1歳から連れて行っています。まぁ、サッカーといっても、ボール遊び程度で生徒も少ないので、ほとんどの日がマンツーマンで、先生に教えてもらうというより、遊んでもらっています。

サッカーが終わると、14時くらいから近くの公園巡り。長男が気に入っている公園がいくつかあるので、順番に回っています。都内の公園はかなり詳しくなりましたよ(笑)。16時くらいにクルマに乗せて家に帰ると、車中の心地よい揺れで寝ているので、18時くらいまでお昼寝。起きてきたら夕食を食べて……というパターンです。

日曜日はサッカーの代わりに図書館に行くのが定番です。本にも親しんでほしいので、絵本は週に5冊くらい借りて、読み聞かせをしています。

家事の手間をいかに省くか

――土日はしっかり、お子さんと過ごすのですね。元気いっぱいのお子さんと2日過ごして親の方がグッタリ……ということにはならないのでしょうか。

綱場　子どもと公園に行ってボーッとできる時間は、ほどよくリラックスできるんです。子育てで大事なのは、無理をしないことだと思っています。ですからうちでは、「自分たちがやらなくていいことは、どんどん人に手伝ってもらおう」と決めています。公園遊びで疲れた日は無理して食事をつくらず、（食事宅配の）「UberEats」などを利用していますし、食材の買い物も西友や生協の宅配を活用して、運搬の手間を省いています。

何より助かっているのは、週3回来てもらっている家事代行兼シッターさんです。掃除、洗濯、料理といった家事のうち、自分たちでやる必要のないものは手放して、代わりにやっていただいています。家事全体の半分以上を代行でカットした上で、夫婦で均等に分担したら、ストレスを抱えるほどの負担にはなりません。平日の食事づくりも2～3日に一度のペースで、つくり置きをお願いして、帰宅したらすぐに食べられる状態にしています。「帰ったら何をつくろう？　あの材料、あったかな？」と考える手間が省けるのは、子育てのハードルをとても下げてくれると実感しています。

私は一人暮らしが長かったので、自分でも料理はしますし、育休中は長男の弁当もつくっていました。けれど、365日続く子育てに笑顔で向き合うには、「いかに省くか」という効率化の発想が不可欠です。子どもの表情は、親の表情を映す鏡です。親のストレスが減れば、幸せな気持ちのまま子育てができて、子どももハッピーになる。シッターさんには毎日来ていただいてもいいと思っているくらいです。

私はつい数年前までアメリカやオーストラリアで生活していましたが、家事の外注は世界では普通のことです。「子育ての苦労は夫婦だけで解決すべき」という考え方は、「痛みを伴わなければ愛情は育まれない」といった無痛分娩否定論に近いような気がします。人それぞれ価値観は違いますが、少なくとも私たちは、あえて痛みや苦労を伴う必要はないんじゃないかと考えています。ただ、こういった話をするときっと、「綱場さんは経済的に余裕があるからそれができるんでしょう」といった反論があるでしょうね。

──確かに家事代行には、安くはない経済的負担が伴います。

綱場　私がぜひ伝えたいのは、決して社長だからできる選択ではないということです。

当社も妻の会社もそうですが、従業員向けの福利厚生で家事代行サービスやシッター代補助が用意されているケースは多いと思います。このメリットを活用すれば、ぐんと経済的負担は減ります。私たちもフルに会社の制度を活用しています。

また、経済的なメリットだけでなく、親以外の大人に触れる機会が増えることで、子どもが社交的に育つという良さもあるのではないでしょうか。

まず身につけさせたいのは語学力

――これから先の学校教育については、夫婦で話をしていますか。


綱場　めちゃくちゃ話しています。私も妻も外資系企業に長く勤めているため、世界のビジネス環境の変化は、それなりに理解しているつもりです。

その中で一つ言えるのは、やはり語学力は必須だということ。子どもには将来、海外で活躍してほしいと思っています。日本の国内市場が今後、縮小するのは確実です。つまり、子どもたちの世代が勝負するステージは世界になる。

その時、使える言語が一つ増えるだけで、入る情報量は何十倍、何百倍にもなります。

3

綱場一成

子どもたちも日本語と英語は普通に話せるようにして、できれば第3カ国語も話せるようになってもらいたい。私は大学院時代に北京に留学して中国語を学びましたが、のちに香港で仕事をする際に役立ちました。

実際に、どういう学校に行かせるかという具体的なプランはこれからですが、幅広い選択肢から考えたいですね。現状の日本の教育システムは、どうしても能力全体を平均値まで底上げする、詰め込み式の勉強が中心のように思えます。もっと、社会に出てすぐに使える知識やディベートの能力を磨く機会を与えられる場になればいいと思います。

もちろん、最終的に進む道を選ぶのは子ども自身です。ただ自我が芽生えていない時期にどういう環境を与えるかは親の責任なので、まさに今、乳幼児期の経験にはこだわりたいと思っています。

運動や言語の能力は臨界期が比較的小さい頃に来ると聞きますので、長男はインターナショナルのモンテッソーリ教育の保育園に通わせていて、平日の日中は英語ばかりの生活を送っています。私たちの前では日本語で話すので、どこまで保育園で英語を話しているのか分かりませんが、テレビで英語版の「ミッキーマウス」を観る時は、たまに「Oh my God!」なんて言っています（笑）。

3

経営層が子育てに関われば大企業も変わる

――将来、どういう分野に進んでほしいという希望はありますか。

綱場　あまり縛りたくないですね。子どもは生まれた瞬間から好奇心の固まりで、周りの大人が「これはダメ」「これはここまで」と制限することで、段々やる気が削がれて、道が絞られていく。

先ほど述べたように、ある程度の年齢までは親が環境を準備するべきですが、あとは本人の好きなように解放する方が個性も能力も伸びていくはずです。

製薬業界で最近注目を集める話題の一つが、「遺伝子解析」です。「ヒトの全ゲノムが解析された」と世界の話題になったのが2000年代初頭でしたが、当時はヒト一人のゲノム解読に3000億円かかりました。それが今では10万円以下だそうです。また、DNA分析装置も20万円ほどで買えるとか。ガレージで遺伝子解析ができる時代なのだと考えた時、ふと「これは30年前のマイクロソフトやアップルと同じでは」と思いました。

つまり、私たちが想像しない分野が爆発的に伸びることが、十分に起こり得る。「DIYバイオ」（日曜大工感覚で行うゲノム実験）などの情報はYouTubeなどの動画サイトにあふれています。「今はITの時代だからプログラミング教育を」と、近い将来を見据えて学ばせることも重要ですが、子どもの興味の赴くままに、いろいろなことをインターネットでとことん探求させるのもいい。大切なのは、子どもがその分野で趣味の領域を超えて、専門家になれることだと思います。

運動を通して組織を率いるスキルを磨く

――語学教育と同じようにスポーツを重視しているとのことですが、その意図は。

綱場　私が身を置く環境が特にそうなのかもしれませんが、組織でリーダーシップを発揮する人の一つの共通点が、競技スポーツ経験者だという印象があるのです。

当社のグローバル前CEO（最高経営責任者）は水泳で五輪出場を期待されるほどの選手でしたし、今のグローバルCEOも、大学バスケットボールに本格的に打ち込んでいたと聞いています。

私自身も空手をやっていて、実は香港法人社長を務めていた39歳の時、部下にたきつけられて、ボディビルの大会に出場したこともあります（笑）。

運動経験は、努力して成果を出してきたという自信につながりますし、チームワークとも直結する。勉強も大事ですが、それだけで組織を率いるスキルを磨くのは、限界があります。

3

経営層が子育てに関われば大企業も変わる

製薬業界の営業職、ＭＲ（医薬情報担当者）で活躍する人材の共通項を分析した調査では、「体育会系クラブのキャプテン経験がある」という項目も抽出されたそうです。こういった調査結果を知ると、やはり幼少期から運動に触れさせたいと思うわけです。つい、〝エビデンス・ファースト〟で子育てを考えてしまうのは、職業柄ですね（笑）。

――綱場さんがここまで子育てに関わるきっかけとなった原体験は何でしょう。

綱場　やっぱり子どもはかわいいですよね。それに、私も両親から大切に育ててもらいました。

親父とお袋はいつも子どもに寄り添って、私と弟、妹の３人に愛情を注いでくれました。私は小学校低学年まで引きつけを起こしやすい体質でした。けいれんを起こすと、舌をかまないように割り箸やタオルをくわえさせることが、当時は一般的でした。ある時、親父は、「切れても構わない」と、私の口に自分の指を入れたことがあったんです。小学１年生で上級生にいじめられた時は、すっ飛んできて相手の家にどなりこんだこともありました。今の時代だと問題になったかもしれませんが（笑）。

そういう親の姿はいつまでも残りますね。私も体を張って子どもを守りたいですし、両親からしてもらった以上の愛情を注ぎたいと思っています。私の知り合いは、逆に「私は

3

綱場一成

親から十分に愛情を受け取れなかったから、自分の子どもにはしっかりと愛情を注ぎたい」と言います。幼少期のどんな経験も、子育てにはプラスに働くはずです。

――子育てを通して、ご自身の価値観は変わりましたか。

綱場　親がやらないことは、子どももやらないはずなので、子どもたちに将来してほしいと思うことは、すべて私もやるという姿勢を見せたいと思うようになりました。運動しかり。図書館では子どもの絵本も借りますが、自分が読む本も借りて読みます。

「世界で活躍しなさい」というからには、私もチャレンジ精神を磨き続けなければいけません。今はこういう仕事をしていますが、どこの国になるかは分かりませんが、いつかはさらに、もっと大きな仕事をしたいと思うのも、子どもたちに自分の背中を見せたいからです。

子どもができてから、私の働き方は非常に効率的になったとも思います。ダラダラと長時間働くことはなくなりましたし、短い時間で集中するので生産性が高まりました。

子育てと仕事を分けすぎず、「マルチタスキングでいい」という発想は、海外法人時代の同僚や上司から学びました。上級役員の部屋に子どもを寝かせる簡易ベッドが常設されていたこともありましたし、私の部下が育休から復帰した際にも、彼女の部屋にゆりかごを設置しました。外資系企業ではオンライン会議の途中に子どもの声が入ることもあります。私も次男を膝の上で寝かしつけながら、海外とつないで電話会議することはよくあります。今晩も21時から自宅でビデオ会議の予定がありますが、おそらく長男が突入してくるでしょうね。

社内でも、「オープンオフィス」というイベントを定期的に開催して、社員の家族同士が交流する機会をつくっています。私の長男も、大人をまねて名刺交換していました(笑)。

子育ての戦略立案を担う妻が「ボス」

――世界のビジネスシーンには、子育てが自然に入り込んでいるのですね。反対に、経営の知識が子育てに生きることもありますか。

綱場　その方が、実感することが多いかもしれませんね。最近は、子育てで生じる様々な役割は、「プランニング」と「オペレーション」に分かれるのだと気が付きました。

例えば、朝起きたら、急に子どもが発熱して病院に連れていかなければならない時、

3

綱場一成

「8時に小児科に寄って、病児保育を予約して……」と戦略を立てる役割と、それを実行する役割は違います。そして大半の家庭では、戦略を練るプランニングは妻が担当し、夫はやったとしても実行役のみ、というパターンではないでしょうか。

オペレーション担当の夫からすると、「俺も半分は子育てをやっている」と思っていても、問題解決における役割の重要度はプランニングの方が高い。ですから「私はこれだけやっているのにあなたは」「いや、俺だってこんなにやっている」という衝突が生まれるのだと思います。

ビジネスと同様に、「プランニング」と「オペレーション」の役割分担で子育てを運営すると、互いにどう動けばいいのか分かりやすくなるなと気が付きました。

どちらが何を分担するかは家庭によって違うと思いますが、わが家は子育てにおける戦略立案は妻の担当です。明確にしておくべきなのは「妻が上司」という共通認識です。上司はできるだけ分かりやすく指示を出し、部下は「言われなくてもやる」と心がける。

いい上司はほめて気付かせてくれますよね。「食洗機の中の食器、ちゃんと片付けておいてくれたのね。ありがとう」と。たまたまやっただけのことでも、「なるほど。そこが評価ポイントなんだ」と部下は気付くわけです(笑)。私の妻は言い方が上手なんです。

実際には、小さな口げんかはよくあります。軽いジャブ程度の言い合いが始まると、長男がかけ寄ってきて、「パパ、ダメ！」となぜかパパだけ注意されます（笑）。

子育てに生きる経営力という点では、外注による効率化もそれに当たります。過去の慣習にとらわれず、現在の幸福最大化を図る合理的な思考は、何をするにしても大切です。

経営層が子育てに関われば、意識は変わる

――大企業や伝統的な企業で働く男性たちが、もっと子育てに参加できる環境をつくるためには何が必要だと思いますか。

綱場　やはり経営層の意識改革と行動でしょう。歴史のある組織がカルチャーを変えるには、決定権のある層が声を上げるべきだと思います。そのために一番早いのは、経営層が子育てに関わる経験をすることでしょう。自分の課題として問題を認識すれば、制度を改善できるはずです。どの会社にも、昔ながらの価値観に縛られる〝粘土層〟はいます。けれど、誰かがそれを突破しないといけません。

当社の場合は、たまたま社長である私が次男誕生のタイミングで育休を取得して、前例をつくることができました。その結果、社内の男性社員が育休を取得する追い風になり、

3

綱場一成

男性の育休取得者数が増えました。昨年度は7人でしたが、今年度は上半期だけでも10人の男性社員が育休を取っています。

また、実際に子育てをして感じた課題を制度の改善に反映して、病気休暇の取得理由を、子どもの予防接種や不妊治療にも適用できるように変更しました。その日数も、20日間から35日間に増やしています。さらに2019年1月からは、ペットの通院など、どんな理由でも取得できる年5日の特別休暇を新たに導入します。

大事なのは、個人が自分にとって本当にベストなライフスタイルを実現することです。男性の育休取得率を上げるために、「子どもが生まれたら全員育休取得」と義務化すれば簡単に数値は上がるでしょうが、それでは本質的な働きがいのある会社につながらない。自由に選べるような環境づくりを進めていきたいですね。

――綱場さんにとって、子育てとは。

綱場　自分が過ごしてきた人生、幼くて気が付かなかった親の愛情を発見し、より幸せを感じられる追体験。人生の素晴らしさを追体験できる経験を日々味わっています。

あなたにとって、子育てとは？

素晴らしきかな。

人生の追体験

網場一成

4

家事・子育てのアウトソースが家族を幸せに「必要ならば、プロに頼めばいい」

豊田啓介の場合

建築デザイン事務所noiz代表

とよだ・けいすけ

建築デザイン事務所noiz代表

1972年千葉県生まれ。
東京大学工学部建築学科卒業。
安藤忠雄建築研究所を経て、
米コロンビア大学建築学部修士課程修了。
米ニューヨークの建築事務所
SHoP Architectsに勤務したあと、
2007年に蔡佳萱氏と共同主宰で、
建築デザイン事務所noizを設立
(現在は、酒井康介氏もパートナーに)。
東京と台湾・台北を拠点として、
コンピューテーショナルデザインを
取り入れた設計を発表し、注目される。
2017年からは
金田充弘氏・黒田哲二氏とともに、
建築・都市のコンサルティング・
プラットフォームgluonを共同主宰。
東京藝術大学芸術情報センター
非常勤講師なども務める。

家族構成 (2018年2月時点)

妻(共同経営者)　長男(9歳)　長女(7歳)

東京都在住

――豊田さんは、AI（人工知能）などを駆使した建築設計や商品デザインを手がける建築家。同業の成瀬友梨さんが編纂した共著『子育てしながら建築を仕事にする』（学芸出版社）を拝読して、独特の子育て論に興味を持ちました。まずは家族の構成と典型的な1日のスケジュールを教えてください。

豊田　妻は台湾人で、コロンビア大学留学時代のクラスメートです。僕が34歳の時に結婚し、共同で事務所を立ち上げたのが35歳。結婚して2年後に長男が、その2年後に長女が生まれました。今、子どもは小学3年生と小学1年生です。

1日の流れは、朝7時くらいに起きて、夫婦交代で朝食を準備しています。子どもたちを学校に送り出すのが8時くらい。出勤前に、近くのカフェに立ち寄って一人でじっくりと考えたい作業に1～2時間ほど集中します。それから事務所に行くと、打ち合わせが続きます。じっくりとデスクに向かう時間が取れないので、メールはほぼ音声入力です。

そうこうしているうちに、夕方の17時か18時くらいに、子どもたちが学童保育から事務所に帰ってくるので、僕か妻のどちらかが、子どもを自宅に連れて帰って、宿題を見ます。19時半頃に、できるだけ家族そろって夕食を食べて、仕事が残っていたら、また外に出て、22時とか23時くらいまでやるというのが通常パターンです。

4

豊田啓介

――お子さんたちは学童から事務所に立ち寄るのですか。

豊田　実は自宅と事務所、子どもたちが通う学校と学童が、徒歩1分の場所にあるんです。保育園もたまたま近くでした。もともと自宅兼事務所でやっていたのですが、少しずつ所員が増えて手狭になり、子どもたちが走り回っているのでは申し訳ないなと物件を探していました。すると、たまたま近くの古い印刷工場が差し押さえになっていた。貼り紙を見て、「ここ、いいな」と思って東京R不動産の知り合いに「借りてくれたら、うちも入る」と相談しました。シェアオフィスをつくろうとしていた会社も参加し、うまい具合に話がまとまりました。

その結果、自宅から徒歩1分で出勤、子どもたちも学校帰りに両親の職場にすぐに行ける環境が整ったんです。

――お子さんたちは事務所でどんなふうに過ごしていますか。

豊田　一番大きなホワイトボードのテーブルにお絵描きをしたりして時間を潰しています。この間は気付いたら、事務所内の配置図を細かく描き込んでいました（笑）。

4

平　日

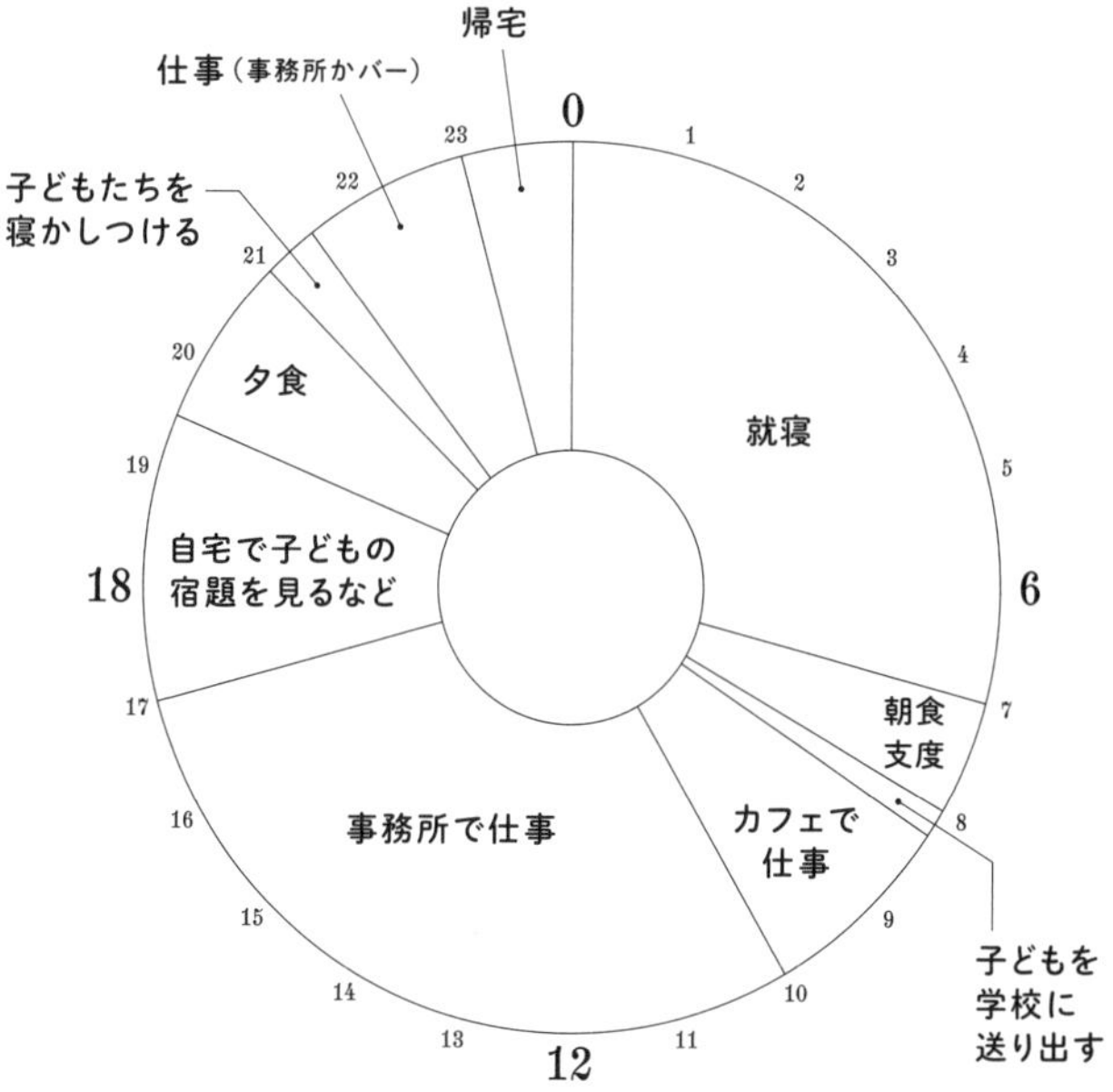

7:00	起床、朝食の準備、支度	19:30	夕食
8:00	子どもを学校に送り出す	21:00	子どもたちを寝かしつける
8:15	カフェで仕事	21:30	事務所か近所のバーで仕事
10:00	出勤、仕事	23:00	帰宅
17:00	子どもが学童から	24:00	就寝
	事務所へ立ち寄る、		
	自宅で宿題を見るなど		

休　日

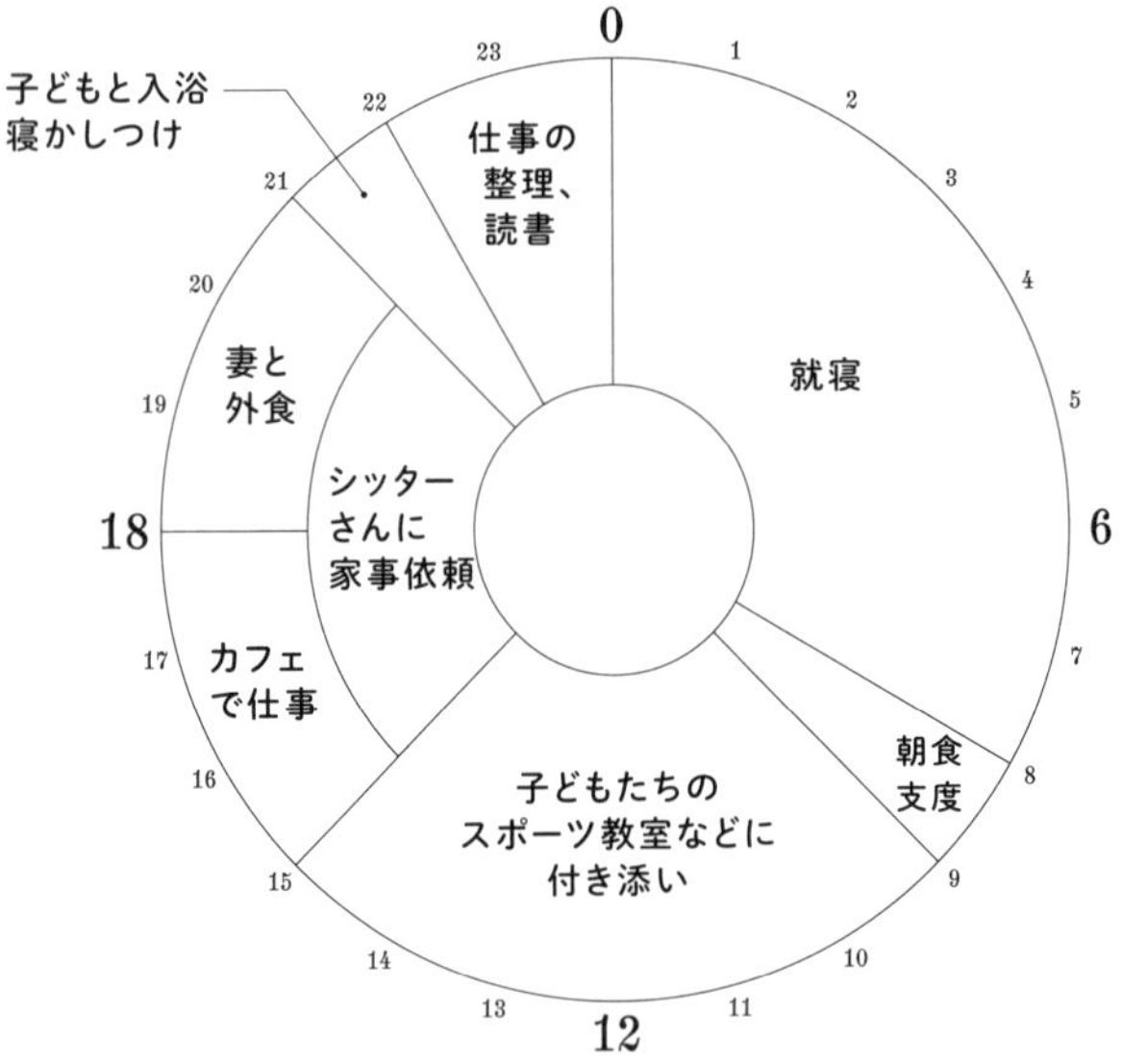

8:00	起床、朝食、支度	18:00	妻と外食
9:00	子どもたちのスポーツ教室などに	21:00	子どもたちと入浴、
	付き添い		子どもたちを寝かしつける
15:00	自宅で過ごしたり、	22:00	仕事の整理、読書
	カフェで仕事など	24:00	就寝
	シッターさんに家事を依頼		

職住近接でも、「一人で集中する場所」は必要

——ブロック玩具で素晴らしい作品をつくって保育士さんにほめられたこともあるとか。

豊田 そんなこともありましたが、先生には「うちの子に建築の道を勧めないでください」とお願いしました(笑)。息子は最近、「将来、ｎｏｉｚを継ぐ」と言ったらしいのですが、「建築家は儲からないぞ」と止めています。少なくとも、両親がどんな仕事をしているのか、分かっているようです。小さい頃から職場に連れてきていたからでしょう。

——移動時間をほぼゼロにすることは、仕事の生産性向上につながっていますか。

豊田 ストレスは省けています。でもときどき、通勤時間が欲しいと思うこともあります。強制的に1日30分くらい本を読める時間があるといいですよね。ですから、代わりにカフェに寄っています。お金を払って通勤時間をつくっている感覚かもしれません。

僕にとっては、自宅でも事務所でもないサードプレイスは重要で、子どもが寝入ったあ

4

豊田啓介

との夜の時間に、一人で集中するためのバーを4～5軒、確保しています。

働く環境とアウトプットは非常に強くひも付くものだと思っていて、あとから見返した時、「この設計はあの場所で書いた」と記憶が蘇《よみがえ》ることはよくあります。かつて在籍していた安藤忠雄建築研究所では、夜22時にはオフィスを追い出されていたたので、検討中の青焼きの固まりを持って、大阪・北新地のクラブによく行っていました。

僕の場合は、一つの場所に固定されるのが一番ダメで、どんなにお金をかけて居心地のいい事務所をつくっても、やはり同じように動き回るだろうと思います。最近は閉店時間を早める店が増えて、個人的には少し残念ですが。

――どんな環境なら自分のパフォーマンスが高まるのか。自己管理する力は、「働き方改革」で議論されているテーマの根幹のように感じます。

豊田　自分の生産性を俯瞰《ふかん》して調整する力は、これからすごく問われると思います。僕も仮説検証を繰り返しながら、心地よく働けるバランスを常にチューニングしています。

子育てQ&A

Q. 教育プランは？	A. 今のところは近くの公立小学校に通わせているが、将来的には海外での教育も検討中。家庭内は3カ国語が飛び交う。
Q. 習い事は？	A. 長男は野球、剣道、太鼓、水泳、ピアノなど。長女は、なぎなた、バレエ、ピアノ、水泳。
Q. お小遣いは？	A. 定額ではなく、必要に応じて渡す形式。長男にはそろそろ定額を渡して、自分で管理させようと検討中。
Q. スマホやゲームなどのデジタルデバイスは？	A. 今のところ禁止。受け身の情報からではなく、自分の頭で考える人間に育ってほしいから。
Q. 子どもがよろこぶ得意料理は？	A. きゅうり・ハム・チーズ・マヨネーズのサンドイッチ。パンの耳を揚げて、砂糖をまぶしたおやつ。
Q. 子育てを円滑にするための工夫は？	A. フィリピン人シッターさんの積極活用。子どもの語学教育につながり、夫婦でじっくり話す時間が持てる。

4

豊田啓介

子育てだって、必要ならプロに頼めばいい

――タイムマネジメントという意味でうかがいたいのが、豊田家が10年以上頼りにしているというシッターさんについてです。

豊田　日本ではまだ珍しいですよね。うちは長男が生まれる前から、同じフィリピン人シッターさんに来てもらっていて、週に3〜4日、1日5〜6時間、家事と子育てをサポートしてもらっています。

例えば平日の夕方に来てもらって、夕食づくりや夫婦とも時間のやりくりが難しい時の子どもの迎え、掃除、洗濯など。

週末の夕方にも来てもらって、その間は夫婦で外出して、平日にはできない仕事の話をじっくりしたり、2人で外食したりする時間をつくっています。

――多忙で手の回らない時の子育てや家事の補助だけでなく、「夫婦の時間をつくる」「ゆとりを生む」というプラスを生むためにシッターさんを依頼しているのが斬新です。

4

必要ならば、プロに頼めばいい

豊田　これは妻の影響です。妻の出身地の台湾では、中流階級以上になると、住み込みのシッターさんを雇う生活が浸透しています。子どもの頃から海外暮らしの経験が豊富な彼女からすると、「必要ならプロに頼めばいい。外食と同じでしょ」という感覚です。

日本でも、ようやくここ数年で家事代行サービスが増えていますが、使う側の感覚がまだ追い付いていないのが現状です。他人に頼る前に自分たちだけで精一杯、ギリギリまで頑張って、ようやく許されるというような暗黙の罪悪感がありますよね。

僕も、彼女と結婚するまでは「家事や子育ては自分たちでするもの」という価値観でした。リベラルな妻の考えに触れなければ、選択しなかったライフスタイルだと思います。

妻から提案された時は、「うちには贅沢《ぜいたく》じゃないかな」と心理的な壁を感じました。けれど妻は、言葉も話せない中で日本に来てくれた。そんな負い目もあって、「少しでもラクに感じてくれるなら」と始めたんです。実際にやってみると、いいことしかありません。

自分の専門分野外の家事をプロに依頼して生まれる時間で、より良い仕事ができるし、気持ちにゆとりができるから、夫婦仲も良くなる。子どもたちもシッターさんに懐いていて、語学だけでなく、貴重なインプットをたくさんもらえています。シッターさんも稼げる機会が広がり、結果として経済が循環する。「家族」「シッターさん」「社会」の三方良しですね。

4
豊田啓介

——お子さんが、フィリピン人シッターさんから受け取っているという「語学以外のインプット」とは何でしょう。

豊田 家庭の中に、家族とは異なるバックグラウンドを持った人が定期的に入ってきて、日常的にコミュニケーションできる機会は、大きな学びをもたらしてくれるはずです。

単に日本人か外国人かという二項比較ではなく、出身や立場など、いろんな違いがある属性の人を、どうリスペクトして関わっていくか。そういうスキルは国際教育でも大事なことです。きっと週1回、英会話教室に通わせるよりも深い勉強ができているはずです。

シッターさんが来る数時間があるから、大人に戻れる

——家事・子育てをプロに発注することで、仕事の効率も上がっている実感はありますか。

豊田 例えば教育現場でも、「なぜ大学教授に単純な書類作成や掃除、学生の試験監督を

させるのか」という疑問が噴出しています。大学教授は書類作成のプロフェッショナルではないのに、事務のプロを雇う手間を惜しんで、ムダな作業をさせているのは疑問です。それぞれが専門性に優れた部分に打ち込んだ方が、生産性は確実に上がるはずです。「偉い人こそ天狗になっちゃいけない」と掃除を強要したくなる気持ちも分からなくはないけれど、労働人口が減っていく日本では、もっと社会的な合理性を優先した方がいい。非効率な監視や横並び思考はネガティブに働くことが多い気がします。

それよりも、「シッターさんにお願いすると良かった。試してみる価値あるよ」とポジティブな声を上げていった方がいい。

正直、僕の中にも凝り固まった古い価値観はまだまだ残っています。けれど、言わないと世の中の流れは変わらないし、引け目を感じずに堂々と言うことが大事なんだと信じて、口にするようにしています。

――お子さんたちはどんな反応ですか。

豊田　楽しそうですよ。僕たちが知らない遊びを教えてくれますし、外の人だからこそ甘えられるところもあるようです。第2の家族のような、なくてはならない存在になっています。僕たち夫婦にとってもすごくありがたい存在です。シッターさんが週末に来てくれ

4

豊田啓介

る数時間があるから、子育てから離れて大人に戻れる時間が確保できている。

核家族でワンルームマンションに住んで、お母さんと子どもが閉じ込もって生活して、子どもがずっと泣き叫んで……となると、もう逃げ場がなくなりますよね。そこに、「外に出てもいいんだ」と社会的な居場所を選択できるシステムが提供されれば、いろいろな問題が解消するはずです。

これだけシェアエコノミーが台頭する中で、家事と子育てはまだまだ家庭に閉じ込められています。民泊仲介大手「Airbnb」やライドシェア大手「Uber」のように、もっと家事と子育てのシェアも広がってもいいと思います。

今、カリフォルニアで進めている住宅の案件があって、月に1回くらい渡米していますが、あちらでは家政婦さんの派遣サービスアプリが普及しています。「Uber」と同じように、依頼すると登録されている家政婦さんのうち、近くで都合のつく人がアサインされる。家政婦さんが向かってくる様子もGPSで把握してスマホに表示されるので、「あと3ブロックで到着」などと分かる。気軽に利用できる文化が浸透しています。

日本でもビザ発給などの制度面の規制を緩和して、気軽に家事や子育てをシェアできる世の中になれば、「母親になった途端、家庭に閉じ込められた優秀な人材」がもっと市場に出られるようになるはずです。

政府は海外から高度人材を呼び込もうとしていますが、むしろ優秀な日本人女性を呼び戻すべきです。そのためにも、家事と子育ての社会的シェアを促進した方がいい。

家事・子育ての一部をアウトソースしないのは非効率

――豊田さんの同窓生にも〝眠れる人材〟はたくさんいるのでしょうね。

豊田　学術的に優秀な成績を修めて、社会で活躍していた女性たちが、母親になった途端、子育てと家事の世界に身を置き、苦闘する。それを積極的に選択していれば問題はありません。けれど、無意識のうちに「こうあるべき」という姿に自分をはめ込み、窮屈《きゅうくつ》な思いをしている女性も少なくないはずです。これは極めて多大な社会的損失でしょう。

日本語が話せて、意識もセンスも高く、爆発させたいエネルギーを溜めている人材を市場に出せば、より効率的に日本の競争力は伸びるはずです。

――眠れる人材の活用を活性化するためにも家事シェアの促進は必須だ、と。そういった価値観

4

豊田啓介

は、子どもを育てながら働く女性たちの間では少しずつ共有されていますが、男性が腑《ふ》に落ちるためにはどんなロジックが必要でしょう。

豊田　シンプルに、会社経営に置き換えれば分かる話だと思います。

会社を経営するのに、営業、企画、製造、経理、人事など、仕事を分担して組織は運営されます。大企業はそれらの役割を内部で分担できますが、会社の規模が小さくなるほど、基幹業務以外は外注せざるを得なくなります。

家族を夫婦2人で運営する最小単位の企業と考えると、「ほかの人にお願いできる仕事」である家事・子育ての一部をアウトソースしないのは、全く非効率な話です。自分たちがしっかりと握るべきところは握って、それ以外は外に頼む。ビジネスでは普通にやっていることなのに、家庭の運営となると途端に思考停止に陥っているのかもしれませんね。

僕がセカンドオフィスを必要としているのと同じように、人の状態は常に一定ではありません。気持ちに揺らぎがあって当然です。「毎日すべてを一定の水準で完璧にこなせ」というのは無理な話で、その時の気持ちに合う選択肢を複数持てることの方が精神衛生上、必要なケアだと思います。だからこそ、女性だけでなく男性の間でも、自分たちの暮らしをラクにする手段として、家事のアウトソースを積極的に取り入れる人が増えると、いいことづくしではないかなと思います。

――確かに外部の手を活用するメリットは大きいようです。シッターさんを活用するライフスタイルは、建築のアイデアにも影響を与えていますか。

豊田　人の暮らしについて想像できる範囲が広がりました。例えば、妻の故郷である台湾や香港の暮らしに接していると、これらの国の上流階級向けアパートメントの設計は、日本人にはできないなと感じるんです。

なぜなら、家政婦さんが住み込む生活を前提として、どのベッドルームにも専用のバスルームがあって、キッチンスペースは広く、中華料理をつくる時の煙を遮断するための設計などもある。日本に暮らしていたらイメージできない前提が多々あるんです。

彼らのような上流階級が旅行やビジネスで日本に長期滞在した時、家政婦さんも一緒に連れて来られるような受け皿はあるのかというと、現状ではありません。日本人の視点で「訪日外国人を増やしましょう」と叫んでも、彼らのライフスタイルやニーズを読み取れなければ意味がありません。いくら民泊を解禁しても現状の箱では満足されない、ということです。

僕たち建築家が無意識にフィルターをかけて見ていた「公共」や「家族」の姿とは何か。子育てを通して、改めて考えさせられることは多いですね。フィルターを取り払ったら、もっと自由な発想はできる。例えば、「レンタルパパ」とかあってもいいですよね。

――レンタルパパ？　それは一体、どういうものでしょう。

豊田　単なる思い付きですが、忙しいパパに代わって全力で子どもと外で遊んでくれるお父さんが、週末に派遣されるサービスだって、あってもいいわけです。家族のあり方は本当に多様で、グラデーションになっている。既成概念の枠が溶けていけば、建築のあり方も変わっていきます。「どうしてファミリー向けの住宅は3LDKなんだっけ」という投げかけは、もっと僕たちからしていくべきなのかもしれません。

親から教わった、自分で決めて行動すること

――豊田さんが子育てに関してご両親から受けた影響はありますか。

豊田　僕は、典型的な戦後高度成長期の〝ザ・サラリーマン〟の家庭で育ちました。母は専業主婦でしたが、今思えば男女平等の考えを強く持っていて、「家事は全部できるようになりなさい」と言われて育ちました。大学は実家から通える距離にありました

が、自立するための経験として、大学に入ったら一人暮らしと決められていた。
小さい頃から繰り返し言われて、今でも頭に残っているのは、「自分で考えて決めて行動しなさい。そして自分の行動には責任を取れるようになりなさい」という教えでした。
僕が海外で生活したのは30歳になってからですが、あまり苦労しなかったのは両親の教えが大きかったと感謝しているんです。他人と関わるけれど、依存せず、自分で状況を判断して、行動する。自分を出すことと、他人を受け入れることのバランスをうまく保つことが、新しい世界に飛び出した時には重要で、語学レベルの問題ではないと実感しています。子どもたちにも、そのバランスを身につけさせていきたいと思っています。

――お子さんの教育方針を具体的に教えてください。家庭では何語で会話していますか。

豊田　僕が日本語、妻が中国語、シッターさんが英語で話すので、子どもたちは自然とトライリンガルに育っています。普段の夫婦の会話は英語で、家族の共通言語も英語です。せっかくの環境なので、いずれは海外で学ぶ選択肢も、自然な流れの中で広げてあげられるといいかなと思っています。

――学校のプランはどのように考えていますか。

4

豊田啓介

豊田　今のところ、２人とも近所の公立小学校に通わせています。

僕自身はベタベタの公立教育で育って、県立の伝統校ならではの太い幹の通った教育の良さを体感してきたのですが、妻はインターナショナルスクールやカリフォルニアの全寮制ハイスクールに通うなど、グローバルな環境を転々としながら育ったタイプです。

どちらにも善しあしがあって、これからの方針はまだ決めていません。

ただ、日本の公教育で気になっているのは、学年が上がるほど、子どもたちの声がぼそぼそと小さくなっていって、自分の意見を言えなくなるような様子が見られることです。

「このまま通わせていていいのか」と夫婦で話すこともあります。


――〝正解を当てにいく教育〟になっていないかという懸念でしょうか。


豊田　そうです。大人が用意した正解があって、それを当てないと許されないような状況が、いろいろな場面で散見されます。

少年スポーツの様子を見ていても、コーチが子どもたちを指導する時、「お前たち、どう思っているんだ！」と投げかけるんですが、答えはすでに決まっている、といった状況を見ることがあります。

もっと伸び伸びと自分の言いたいことややりたいことを解放してあげたいですね。

失敗して怒られてもいい。むしろ少しくらい周りに迷惑をかけたり、かけられたりしながら、押し引きをサーチングしつつ育ってほしい。今は少し行きすぎた潔癖症というか、「人さまに迷惑をかけてはいけない」という価値観が強くなりすぎている気がします。

本当の意味での「ギブ&テイク」を学ぶために、子どもたち同士でもっと迷惑をかけ合える雰囲気が生まれるといいのにと思うことはよくあります。

――豊田さんは、息子さんの少年野球にも付き添っているのだとか。

豊田　最近は忙しくてなかなか顔を出せていませんが、できるだけ付き添っています。僕も野球をやっていたので。娘のバレエ教室の付き添いにも挑戦しましたが、狭い待合室でママたちに囲まれるのが互いに居心地悪くて(笑)、最近は妻に任せています。

この辺りの役割分担について妻はニュートラルに考える方で、「父親に向く場所にはあなたが、母親が向く場所には私が行けばいい」と同意してくれています。基本的に男女平等を主張しつつも、違いは違いとして認める考え方はいいなぁと思いますね。

4

豊田啓介

ゲームやスマホは、一切させない

――しつけの面で、「これだけは厳しく制限している」ということはありますか。

豊田　どちらかというと、「何でも試して失敗してみなさい」という方針なのであまり制限しないように心がけています。ただ僕の両親と同じように、「自分の行動に責任を持ちなさい」ということは繰り返し話しています。

例えば、長男は好奇心旺盛で習い事を増やしすぎる傾向がある。今は野球がメーンだけれど、ほかにも剣道、太鼓、水泳にピアノまで。近所の区民センターで習える教室が豊富にあるので経済的にはありがたいけれど、「全部続けたい！」と言っていて（笑）。長女も、なぎなたとバレエとピアノと水泳。「やるならちゃんと続けるんだぞ。だから、始める前にしっかり考えて」と言っていますが……。

制限しているものは一つ。ゲームやスマートフォンは一切やらせていません。

――コンピュータを駆使したデザインを手がける豊田さんが、お子さんにゲームやスマホを触ら

せないのは意外です。その意図は。

豊田　受け身ではなく、自分の目で見て、自分の頭で考えて決められる人間に育ってほしいからです。いずれ、スマホも手にするでしょうが、持たなくても生活に支障がない間は、できるだけ持たせないようにしようと夫婦で話して決めました。

僕は幼少期、当時流行っていた超合金ロボットやゲーム&ウオッチといった玩具の類を、一切与えられなかったんです。遊び道具は自分でつくるしかない。ひたすら空き箱やガラクタを集めて、ガチャガチャと手を動かしていました。

――お子さんからは「友達はみんな持っているのに！」と主張されたりしませんか。

豊田　されます。その都度、ちゃんと理由を説明しています。「自分で考えなくなるのはお父さんもお母さんも嫌だから今は持たせない。もう大丈夫だと思ったら渡すよ」と。うやむやにせずにきちんと話せば、子どもも「分かった」と言ってくれます。本当にどれくらい理解しているかは分かりませんが、何十回、何百回と繰り返し伝えることが大切なんだろうと思っています。

概念って、一度で伝わることは絶対になくて、しつこく反復してようやく伝わるものです。ロゴのデザインを何十回とスケッチしていくうちに形になっていくのと同じですね。

特に他人の頭の中に概念を描きたい時は、諦めずに繰り返さないといけません。

――「うちの子、何度言っても聞かない」というのは当然だということなのですね。

豊田　社会人であれば「1回言えば分かるでしょう」が通りますが、同じことを子どもに期待してもうまくいくはずはありません。子どもによってスイッチが入るタイミングは違いますし、ちょっとずつスイッチが入る子もいれば、いきなりガガガッと入る子もいる。Aのスイッチから入る子もいれば、Aを飛ばしてBから入る子もいる。多分、5年や10年のスパンで慣らされていくものだと思います。

あと3年経たないとスイッチが入らない子に向かって頭ごなしに言っても仕方がないし、無理やりスイッチを入れようとすると、周辺の回路まで壊れてしまう。

僕は専門家ではないのですが、子どもたちを見ていると、そんな気がするんです。大人が子どもを潰す存在になってはいけないなと、自戒も込めて思います。

講師として大学で学生に接していても、もったいないと思うことは多いですね。自分で考えて創造する練習が不足したまま大人になろうとしている学生が多い気がします。

4

必要ならば、プロに頼めばいい

――父親として小学生の子育て、教員としての大学生の指導、経営者として組織のマネジメント。いろいろな階層で、人育てを見ているのですね。

豊田　それはあるかもしれません。料理の材料とレシピ、完成形を結び付けながら、「何をしたらこの味になるのか」と因果関係を検証するように、人間が育つプロセスを段階ごとに観察することには、とても興味があります。

建築は、構造の因果関係をデザインする仕事です。あるインプットの結果が出るには、何階層かのステップを踏まないといけないかもしれない。それだけ時間がかかることもあるという感覚は職業柄、身についています。だから子育てもすぐに結果を求めません。

信号の入力には、一瞬で済む方法、3カ月間継続する方法、1週間ごとに5年かけてやる方法など、いろいろとあります。しかもそれが3歳からの5年なのか、6歳からの5年なのかで効果は変わる。

そのタイミングとタイムスパンは見誤らないように注意したい。試行錯誤の繰り返しですけどね。

4

豊田啓介

子育てを通して備わった、いい意味での〝鈍感力〟

――子育ての経験が、仕事に影響したと感じることはありますか。

豊田　いい意味での〝鈍感力〟が備わったと感じています。すべてを自分でコントロールしようとしてもムダである、という諦め。相手に委ねて任せること。

これは、うちの事務所の方針とも一致しますが、デジタル技術の能力を最大限に発揮させようとする時には、すべてをコントロールすることを諦めた方が、人間の計算能力をはるかに超えた領域に達することがあります。「これって子育ても同じじゃん」とある時、気付きました。

子どもの人格や能力をすべてコントロールすることは不可能です。大まかなガイドだけして、あとは本人の資質に委ねる。その方が子どもの可能性がより大きく広がっていく。

ただし、何もしないで放置していても育たないので、中身を活性化させるように刺激を与える努力は必要です。パンパンの状態までエネルギーを刺激した上でパッと手を離してあげると、「ボン！」と膨らむ。本人の力で膨らむためのエネルギーを溜める準備を手伝ってあげる。そういう感覚で、子育ても組織の運営もやっています。

――このオフィスの雰囲気も、行き来自由でオープンな、心地よい雑多な空気が魅力的です。これにも狙いがあるのでしょうか。

豊田　単に散らかっているだけとも言えますが（笑）、あえて整然としすぎない、ゴチャゴチャした雰囲気にしています。試作品を並べてあったり、ここには開発中の自動運転車の椅子があったりします。イベントのフライヤーも入り口近くに置いていて、スタッフには「昼間に行ってきていいよ」と言っています。

大規模な設計事務所と違って、うちは「いかに外と組めるか」が大切です。副業も大歓迎ですし、むしろ外の刺激を吸収してアイデアに還元してほしい。多様性のある環境でこそ、ユニークなものは生まれると思っていますから。

人員の過半数が外国人ですし、社内では英語でコミュニケーションをしている。面白いものと交わりながら成長していきたいので、オフィス空間の演出も、「何でも持ち込んでいい」という余白を感じられる雰囲気にしているんです。コントロールをしすぎないこと。これは組織運営と子育てに共通するポイントかもしれませんね。

4

豊田啓介

家族はもっと迷惑をかけ合っていい

――これまでのお話から、豊田さんの子育て観・家族観には、パートナーの蔡さんの影響が大きいことが分かりました。ほかにも感化されたことはありますか。

豊田　「家族はもっと迷惑をかけ合っていい」と考えるようになったのは大きいですね。

日本では、僕たちの親の戦後世代から、「核家族で自立して生きるのが美徳」という価値観が広がっていきました。子どもは成人したら親に迷惑をかけてはいけないし、年老いた親も子どもに迷惑をかけてはいけない。成人した親子が世帯を分けたら、年に数回しか会わないのが普通で、互いに自立して生きるのが理想だ、と。

確かにそれができればカッコイイけれど、現実ではいろんな問題が起こるし、少人数の核家族では解決できない問題の方が多い。

その点、台湾の家族観は全く違っていて、家族がとにかく関わり合うんです。いとこやまたいとこなども含めて、親戚が集まると50人くらいになって、すごくにぎやかです。

しかも、そのうちの何家族かは同じマンションに住んでいたりして、毎週末のように集まって一緒に食事をしている。よくそんなに話すことあるなと思いますが、「ケイスケも来い」と呼ばれて行くと、楽しいんです。

そんな環境の中で育つ子どもたちは、やっぱり満たされていて、親以外の親戚のおじちゃんやおばちゃんが口出ししながら、みんなで子育てをしている。

大らかな干渉というか、たくさんの目が届く中で子どもが守られて育っている。それはすごくいいなと思うようになりました。親が高齢になって倒れても、いとこ同士が協力して看病するから、負担は軽減されていたりする。いいシステムですよね。

日本の核家族システムも、戦後の経済政策でつくられただけで、いくらでも構築し直せると思います。とりあえず、いいことはまねしようということで、うちの実家の親と兄、姉とも月1回、理由はなくても集まって食事をするようになりました。

家族や社会そのものをつくってきた価値観や常識を問い直したくなる新しい視点は、妻からたくさんもらっています。見た目はおとなしそうで、性格も穏やかな女性ですが、いつもサクッと核心を突く意見を言って、そのたびに「うわ。すげぇ。その通りだ」と納得させられてしまう（笑）。いろいろ気付かせてくれてありがとう、と言いたいです。

4

豊田啓介

——豊田さんにとって、子育てとは。

豊田　僕にとっては発見の連続で、常に新たな視点を得られる経験です。

子どもが生まれて最初に抱いた瞬間に、自分の中で何かのスイッチがパチンと入ったのを感じました。子どもが大人になった時の社会を本気で良くしたい、と考えるようにもなりました。「自分が今、楽しければいい」という世界から、「子どもたちが生きられる未来を残そう」という世界へ。未来がリアルに迫ってきて、そのために何ができるのか、頭をひねって考え続ける生活に変わりました。

ひと言で表すなら「発見と貢献」。

新たな発見と未来へ貢献しようとする行動をもたらしてくれるのが、僕にとっての子育てなのだと思います。

あなたにとって、子育てとは？

発見／貢献

豊田啓介

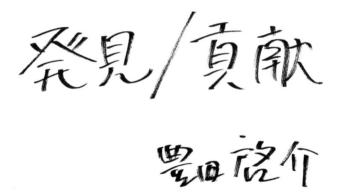

5

LINEで毎日連絡し、8人の子どもを束ねる「子育ても事業もエンターテインメント」

乃村一政の場合

SOUSEI社長

のむら・かずまさ

SOUSEI社長

1976年奈良県生まれ。
高校卒業後、吉本興業で芸人活動を経て、
2006年にディアホームに入社。
54区画の街づくりの総責任者として
実績を上げ、2010年にSOUSEI を設立。
注文住宅受注数で地域ナンバーワンの
ビルダーに成長すると同時に、
ITで住宅機能を促進させる
技術開発を進める。住宅購入時の
情報を一括管理できる
個人向けマイホームアプリ「knot(ノット)」、
中小工務店向け住宅用OS
「v-ex(ベクス)」を開発し、
2018年4月、全国展開を発表。

家族構成 (2018年7月時点)

妻(専業主婦) 長女(22歳) 長男(18歳)
次女(16歳) 三女(12歳) 次男(11歳)
四女(8歳) 三男(5歳) 四男(2歳)

奈良県在住(乃村氏は東京との2拠点生活)

5

子育ても事業もエンターテインメント

――乃村さんは元吉本興業という異例のキャリアを持つ起業家で、独自開発した住宅向けのスマートデバイスを勢いよく伸ばしています。"子だくさん社長"でもあると聞きました。

乃村　はい。子どもは8人、妻と僕を入れて10人家族です。家族全員の住民票を取ってホチキスで留めると、ちょっとした冊子になります(笑)。

結婚は19歳の時。家内はアルバイト先のバーに来ていたお客さんで、出会って3カ月で結婚しました。

子どもたちは一番上が大学4年生で、一番下は2歳。幼稚園入園前から幼稚園児、小学生、中学生、高校生、大学生まで、子どもの成長過程すべてがそろっています。母親は全員、一緒です(笑)。家内が子ども好きなんです。

――普段はどのように子育てに関わっていますか。

乃村　2012年頃からアメリカのシリコンバレーの企業と組んで、住宅業界に特化したAI(人工知能)デバイスの開発に没頭していまして、僕はほぼ東京にいるんです。奈良の自宅に帰れるのは月に3〜4回で、それ以外は家内が家を守ってくれています。

妻の両親も近くに住んではいますが、あまり頼る必要はありません。なぜなら、大きい子どもたちが、小さい子どもたちの面倒を見てくれるんです。

5

乃村一政

子どもの数が4人を超えたくらいから、段々と親はラクになっていきました。数歳違いの3人くらいの時が一番大変でした。

今は、大きな子どもたちが取り合うようにして小さな子どもたちの面倒を見てくれるんで、僕ら夫婦が風呂に入れることは、まずありません。「今日は私が入れたげるー」「じゃ、明日は僕な」という感じで、子ども同士で、小さい子を世話してくれています。

たくさんの子どもを同時に育てるポイントは、〝育てる楽しさ〟を子どもたちとも分かち合うことです。言い換えれば、権限委譲ですね。うちは4人目くらいから、名付けを一つ上の子どもに任せているんです。

例えば、5人目の名前は4人目が、6人目の名前は5人目が付けるというふうに、ネーミングライツを与えています。自分が名付けた子のことはとてもかわいがっています。

そうしたら、7人目の絢斗《あやと》が付けた8人目の名前が、まさかの一文字違いの蒼斗《あおと》。「さすがに紛らわしいやろ」と上の子たちは反対したんですが、「ま、いいやん」と。「アートって呼べば、いっぺんに2人が振り返るから便利やないかと(笑)。

子どもは人数が増えるほどラクになる。子育てのランナーズハイ状態です。

平　日

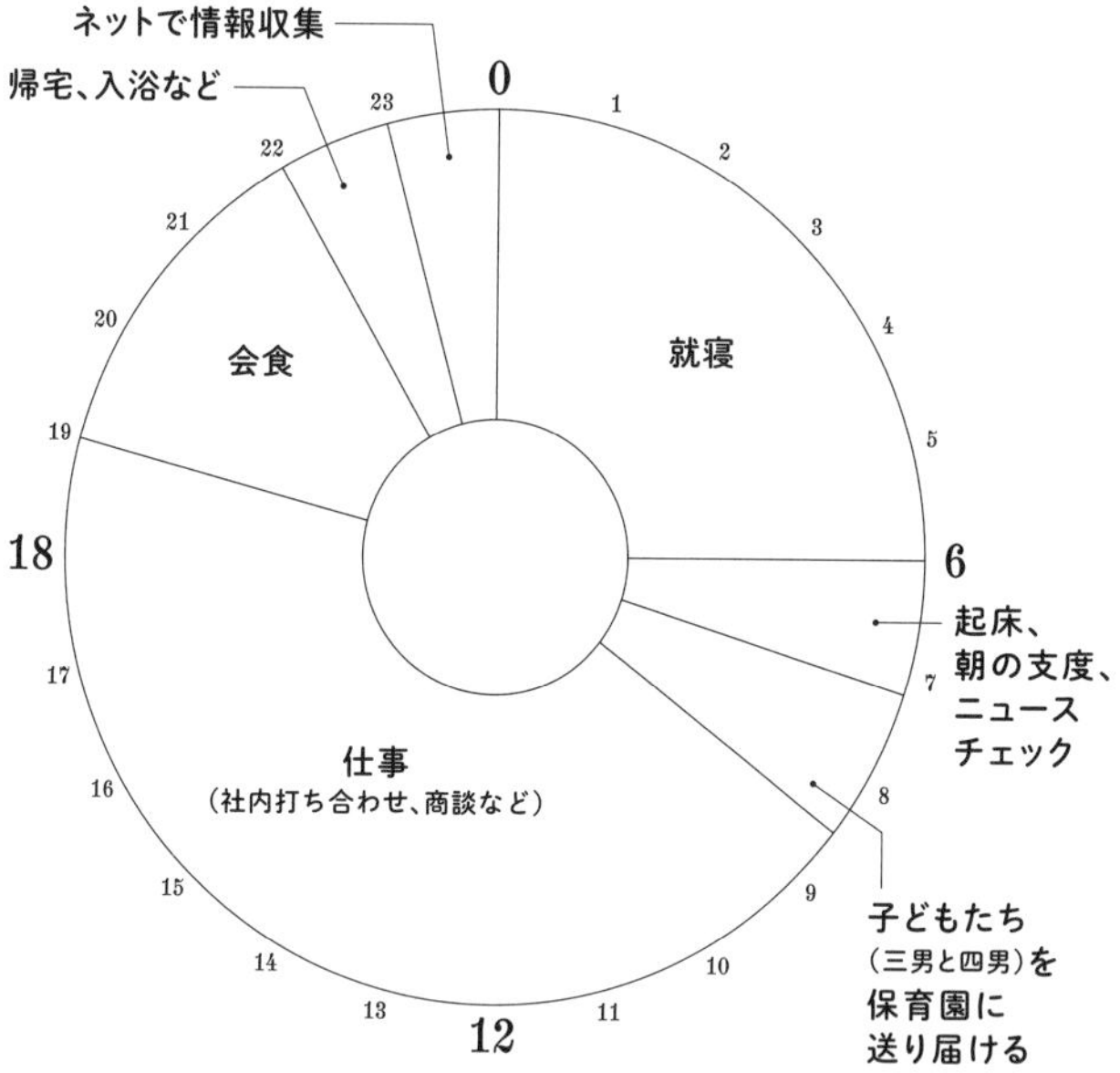

6:00	起床、朝の支度、ニュースチェック	19:00	会食
7:10	子どもたち（三男と四男）を	22:00	帰宅、入浴など
	保育園に送り届ける	23:00	ネットで情報収集
8:30	出社	24:00	就寝
	仕事（社内打ち合わせ、商談など）		

5

休　日

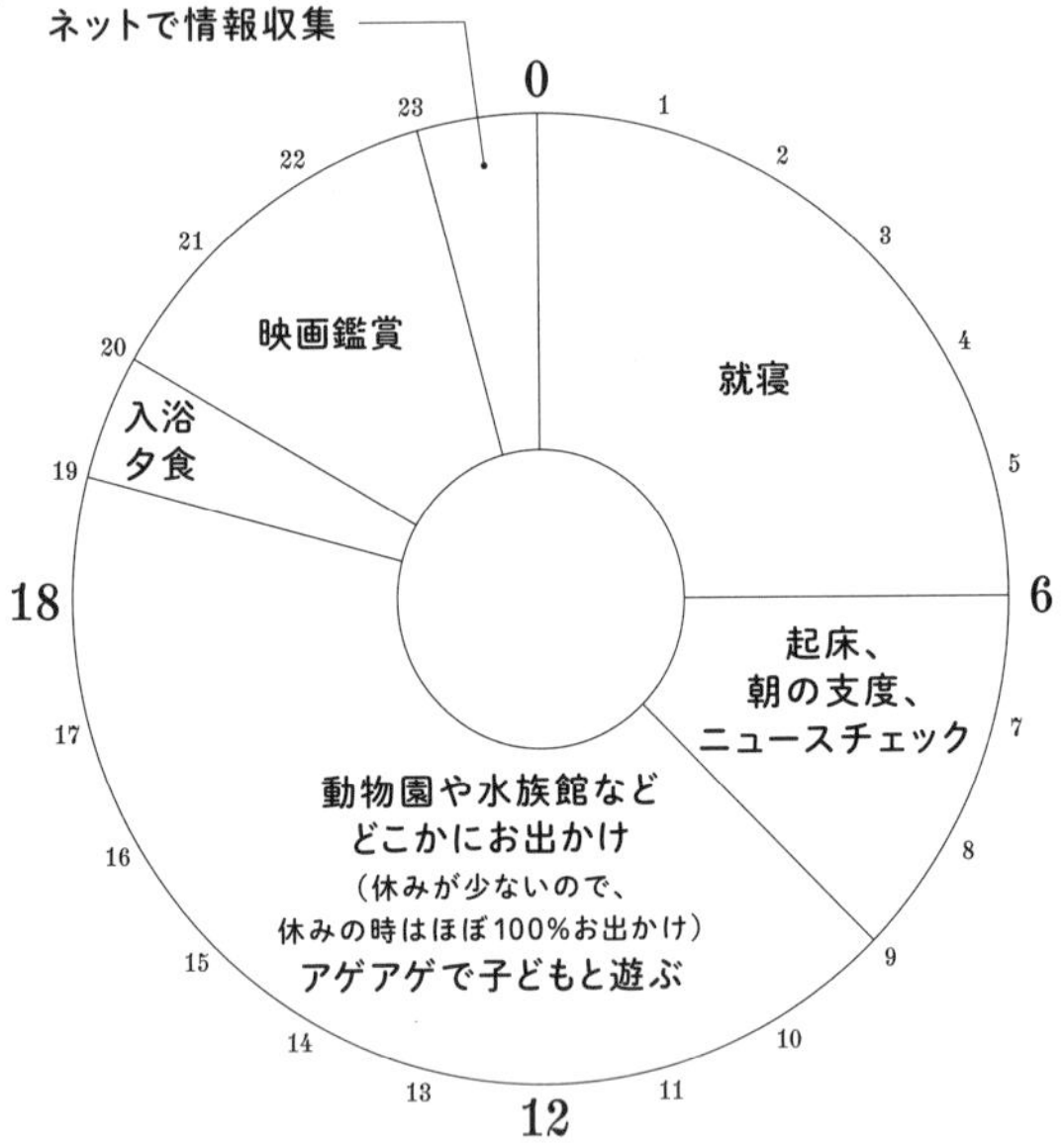

6:00	起床、朝の支度、ニュースチェック
9:00	動物園や水族館など
	どこかにお出かけ
	（休みが少ないので、休みの
	時はほぼ100%お出かけ）
	アゲアゲで子どもと遊ぶ

19:00	入浴、夕食
20:00	映画鑑賞
23:00	ネットで情報収集
24:00	就寝

離れていても、毎日家族とＬＩＮＥする

――すごいのひと言に尽きます。乃村さんは、自宅に帰っている時に集中してお子さんと関わるスタイルなのでしょうか。

乃村　いえ。毎日頻繁《ひんぱん》にコミュニケーションを取っています。家族でＬＩＮＥグループをつくっていて、トピックを共有しているんです。

うちの場合、そのときどきの旬のトピックごとにグループがつくられています。例えば「誰々がケガした」とか。最近ホットなのは、受験生だった長男の雄斗《たけと》が関西大学に受かったので、「タケトは関大生」というグループが立ち上がりました。関連のある最新情報や写真がアップされていきます。

――ＬＩＮＥで情報共有しているのは、高校生か中学生以上のお子さんたちでしょうか。

乃村　驚かれるかもしれませんが、うちでは大体、2～3歳くらいからiPhoneを渡しているんです。

ですから、現時点でＬＩＮＥグループに入っていないのは、2歳児の四男だけ。ほかの子どもたちには全員、僕か家内のお古の iPhone を持たせています。結構、使いこなしていますよ。2歳児もそろそろデビューの時期ですね。

――ずいぶん早いように思います。

乃村　世の中では、早くから子どもがインターネットに触れることが敬遠されているとは分かっています。その理由も理解していますが、これからの時代を生きる彼らの将来を想像すると、「持たせるデメリット」よりも「持たせないデメリット」の方が上回るんじゃないかと考えたんです。

子どもですから間違った使い方もするし、夜更かししたりするなど、親が目を配らないといけないことはたくさんあります。その都度注意するので、確かに手間は増えます。ただ注意をしたとしても、「使わせない」という権限は発動しないと決めているんです。

むしろ、若いうちに適切に失敗すべきだと思っているので、「アダルトコンテンツでも何でも見て、たくさん失敗してくれ」と言っています。

使ってみて、リスクを含めて最終的に自分で取捨選択できるフィルターを持ってほしい

子育てQ&A

Q.	A.
教育プランは？	娘は中学から私立に、息子は高校から私立に。兄姉のまねをするので、ほぼ全員がこの傾向に。
習い事は？	希望したものは習わせる方針。例えば、英語、ピアノ、絵画、サッカーなど。
お小遣いは？	中学生は5000円、高校生は1万円の月額固定制。
スマホやゲームなどのデジタルデバイスは？	2～3歳からiPhoneを与えて、使い慣れさせる。
子どもがよろこぶ得意料理は？	壊滅的に料理ができないため、妻に任せています。
子育てを円滑にするための工夫は？	月の大半は単身赴任状態だが、家族とはLINEを通じて密にコミュニケーションを図る。常に笑いを提供。

と思うんです。もちろん与えて放っておくのではなく、どう使っているかはいつも気にしています。

面白いことはしょっちゅう起こります。5歳児の検索履歴に「おっぱい」を見付けて、きょうだいが大騒ぎするとか(笑)。それも家族のエンターテインメントかな、と受け止めていますね。

こんな便利なものを子どもに渡さないなんて

——乃村さんが「小さい頃からITデバイスに触れさせたい」という思いに至った原体験があるのでしょうか。

乃村　僕の人生を変えたのは、iPhoneとの出合いでした。

2010年に初めてiPhoneを手にした時、僕は感動して泣いたんです。スライドしてページをめくる動作一つとっても、「何で一度も教わってないのに、ページがめくれたん?」と驚きました。ものすごく人間を熟知しているデバイスを、アップルは発明しよった、と。

それまでＩＴに全く興味がなかったし、パソコンを触ったのも30歳を過ぎてからでした。けれど、この瞬間を境にぐーっとハマって、通信からアプリケーション、ハードもソフトも全部、独学で勉強して起業しました。

前職が住宅関係だったので、ホームビルダーとして創業しましたが、2年で地域ナンバーワンになれたので、そこはもう人に任せて、「僕はＩＴに没頭するわ」とシフトチェンジしました。

iPhoneの何に感動したかって、これを持つだけで、超ローテクだった人たちが、簡単にハイテクを使えるようになる。パソコンのキーボードを触ったことがない人でも、一足飛びにインターネットの世界に飛び込める。つまりiPhoneは、テクノロジーの翻訳機なんです。

年寄りも若者も、金持ちもそうでない人も、共通して持てるデバイスを発明したというのはすごいことです。スマホを介してサービスを提供できたら、ローテクの人にもＩＴのメリットを提供できる。スマホの可能性を心底信じているからこそ、「こんなに便利なものを渡さないなんて、子どもに対して意地悪ではないか」と思っています。

5

乃村一政

お父さんはエンターテイナー

――そのスマホを使って、離れていても家族とコミュニケーションが取れている。自宅に帰る日は、家族そろって過ごすことが多いのでしょうか。

乃村　大体、全員そろって待っていてくれます。「一政、帰ってきたでー」って。

子どもたちは僕のことを「一政」って呼びよるんですけど、父親というより〝演者〟として求められている感じがありますね。自宅に帰って10人がけの食卓についたら、僕のショーの始まりです。

吉本興業で漫才をやっていた時から変わらず、エンターテインメントは僕が追求し続けているテーマで、子どもたちの前ではエンターテイナーであろうと決めているんです。披露するのは大体モノマネかコントです。

〝大きいチーム〟はすっかり僕のファンですね。大きいチームというのは中学生以上、小さいチームは小学生以下のことです。

笑いのツボは年齢によって違うので、演目は2本立てで行きます。ネタが冴えている時は、「今日、キレッキレやん」と子どもたちにほめられます。たまに法事で親戚の集まりに出かけると、その帰りにはもう全員、期待しよるんです。その日に見た特徴ある親戚のモノマネを僕がやることを。「一政、今日はあのおじさんやろ」「その名前はまだ言うな」と言いながら帰宅して、家の中でドッカンドッカンです（笑）。

――いわゆる「父親の威厳」は求めていないのでしょうか。

乃村　全く求めませんし、僕には無理です。子どもに対しても社員に対しても、「育てる」という感覚は全くありません。他人を育てるなんて、おこがましいと思っています。

そもそも誰かを尊敬したり、信頼したりするような感情は、外から操作したり制御したりできるものではありません。それに、僕自身が誰かから、上から目線で教えられるのは好きではないので。

「自分から学びたい」という気持ちは人一倍強いけれど、教わりたいわけではないんです。押し付けられた瞬間に意欲がなえるといいますか。だから、子どもたちに対して「こんな父親でありたい」という願望は一切ないし、持ちたくないと思っています。

5

乃村一政

子どもたちの行動に制限は付けない

――乃村さんのお父さまも似たタイプだったのでしょうか。

乃村　そうですね。何かを「やれ」「こうしろ」と押し付けられた記憶は全くなくて、それがすごくありがたかったと思います。

父は仲間と一緒に立ち上げた事業の失敗に巻き込まれて、僕が高校1年生の時に会社が倒産しました。僕は大学進学を希望していたけれど、行けないことが確定して、「仕方ないな。話が好きだから漫才師を目指すか」と方向転換しました。

高校3年生の時には、自分で他校に電話をして、「そちらの文化祭で漫才やらせてください」と売り込んで、公休を取って遠征に行ったこともありました。今思えば、起業家気質ですよね（笑）。

その後、吉本興業に入った時も、19歳で結婚すると決めた時も、父親からは何も否定されませんでした。さらに遡《さかのぼ》って、僕が小学2年生の頃、阪神タイガースの試合を観るために、奈良から一人で電車を乗り継いで甲子園球場に行った時も、おかんは心配して怒っていましたが、父は「行ってこい。困ったら人に聞け」と送り出してくれました。

お金に関すること以外は、ダメと言われなかったことで、僕は行動に制限を付けない人間に育ったと思います。やると決めたらやるし、実現する方法を考えることだけに集中するようになりました。

子どもたちに対しても、僕はできるだけ制限をかけない存在でいたいんです。人間って、本来は創造性の固まりで、もともと備えている創造性をいかに壊さずに保てるかが大事だと思うんです。

――もう成人しているお子さんもいますが、思春期はどう向き合いましたか。

乃村　ありのままですね。長男は小学6年生の頃から反抗期が結構激しくて、世の中のすべてに対して文句を言って、僕の顔を見るなり「死ね」（笑）。

だからといって、こちらが接し方を変えるわけでもなく、「どういうスイッチの入り方やねん。うるさいから寝るわ」くらいで受け流していました。家内はあたふたしていましたが、家内のご両親に「反抗期、どうでしたか」と聞いたら「えらいひどかった」と。「ほらな、心配せんでいい」と子どもたちにも伝えました。

5

乃村一政

反抗期の言動は、感情のぶつけどころを探しているだけなので、親がいろいろ気を回しても仕方がないと思いますね。本人も「何であんなこと、言うてしもたんやろ」とモヤモヤしているはずです。どうであっても、一過性のものですよ。僕に「死ね」と当たり散らしていた長男は、今は僕の大ファンになっていますから。

一方で、女の子の場合は、思春期に性に対してデリケートになる時期がありますよね。家内が8人目の妊娠を発表した時、中学生だった娘が「いやや。学校でからかわれる」って泣きだして。僕はどう言っていいか分からなかったんですけど、家内は毅然《きぜん》としてカッコ良かったですね。「からかうような子がおったら、うちに連れてき！ 命が生まれることの素晴らしさを教えたるから！」って。その時泣いていた娘は今、末っ子を一番かわいがっていますよ。

――きょうだいがとても仲が良さそうですね。お子さんたちは、大家族であることを楽しんでいますか。

乃村　すごく幸せに感じてくれているみたいです。逆に居心地が良すぎて誰も出て行かないのではと心配するくらいです。

家の間取りは7LDKですが、せっかく個室を用意しているのに、3〜4人ずつでかたまって寝ていますし、全員、居間で勉強するから邪魔で仕方がない(笑)。長女は「一人暮らしをするとか考えられない。するとしても、シェアハウスがいい」と言っています。

——お子さんたちは、お父さんをどんな存在として理解しているのでしょうか。

乃村　帰ってくると笑わせてばっかりだけど、外では何か自由に楽しくやっているようで、ときどきメディアにも出たりして……。きっとすごく不思議な存在として観察しているんだと思います。

学校の友達にも「うちの一政がさ」とよく話しているみたいで、いきなり息子の友達からツイッターをフォローされたりします(笑)。

僕としては、何も上から押し付けたくはないけれど、子どもたちがちょっと迷った時に、考え方のガイドラインを示すような存在でありたいなと思っています。

5

乃村一政

「200万円払うから、大学に落ちんか」

――進路の相談を受けることはありますか。

乃村　長女が高校受験前に、勉強に対するモチベーションが下がった時があったんです。勉強する意味が見出せず、「どこの学校に行ったって同じや」と無気力になりかけたんですね。

その時は、こんなふうに言いました。

「別にパパはお前がどの学校に行っても構わない。ただ一つ言えるのは、勉強って、しんどいやん。我慢せんとできんことやん。学力が高い学校には、目標のために我慢して頑張ることのできた子が、比較的多いと思う。学力が低い学校というのは、頑張ろうという時に我慢のできなかった子が多いかもしれないと予想できるよな。どっちのコミュニティーで3年間過ごしたいか、じっくり考えてから決めたら」

それがきっかけだったのかは分かりませんが、その後の1年間で成績が急に伸びて、志望校に合格しました。

長男が大学を受験する時も、どんな大学のどんな学部を受けたらいいと思うかと、LINEで相談が送られてきました。まず返したのは「自分は大学に行ったことないからよく分からん。大学受験の席に着けるだけで、お前は勝ち組だ」と。

将来どうしたいのかと聞いたら、「何がしたいかはまだ見付かっていないが、自分も事業を立ち上げてみたい」と言うんです。「だったら、少しでも経営に近い勉強ができる学部がいいかもしれん。企業との交流も活発な大学を選ぶといいんじゃない。関西では、関大、関西学院大学、同志社あたりだろうね」と伝えました。

いろいろと言いたいことは伝えますが、最後に必ず付け足すのは、「結局お前がどうするかは、僕はどうでもいい。今、言ったことを全部忘れてくれてもいい」ということ。親の顔色をうかがってほしくないからです。

――その後、息子さんはどんな決断を下しましたか。

乃村　息子は関西大学を受けることに決めましたが、何を思ったか「関大に落ちたら、アメリカに行って、一人で暮らしてみる」と言いだしたんです。もともと海外に興味を持っていたこともあって、いろいろ考えたんでしょう。

5

乃村一政

僕は即答しました。「それは最高じゃないか。なぜなら、お前が大学に行ったら4年間で500万円くらいかかる。大学に落ちて自腹で生きてくれたら、学費はかからない。最高だ。むしろ父さんはそっちを応援したいと思う。お前が関大に受かったからといって、素晴らしい人間になるという保証はない。それなら目の前の出費を抑えたい。どうだ、200万円払うから大学に落ちんか」と(笑)。

200万円を受け取ってくれと何度も頼んだのですが、「いや、いらん」と。「そうか、乗らんか。だったら、落ちることを願っているから」と。受験が終わった日、「どうなん。手応えあったんか」と聞いたら、「分からん」と言うから、「そうか。引き続き、お父さんは不合格を願っているぞ」と返しました。

合格発表の前日には「願をかけてゴミ拾いした」とか言うから、「小ちゃいわ。お前、完全に起業家に向いてないわ」と笑ってやりました。

結局、残念ながら受かりよって、「くそー」と思いましたけどね(笑)。

何となく、僕のイメージでは、ケガをした時に絆創膏《ばんそうこう》を貼ってやるのが母親で、その失敗を笑いに変えてあげるのが父親の役割なのかな、と。大まかな方向性やあり方を示す、道しるべのような存在でありたいと思っています。

夫婦できっちりと話し合ったわけではありませんが、何となく「僕らってこういう感じよね」と共有できている気がします。

いじめ問題では、困っている先生に寄り添う

――そういった相談は、面と向かって話すのですか。

乃村　LINEの場合が多いですね。めっちゃ長文です。半端なく長いです。子どもたちからは、「うわ。なが。うざ」とか言われますが、多分その姿勢をもって、子どもたちは、僕の本気度を感じているはずなんです。

親が子どもたちに示せるものって、結局は子どもたちの気持ちに真剣に向き合っている姿勢なんです。そして、真剣に考えて一生懸命行動したことが、他人に対しても多少なりとも影響を与えていく。

その過程を全部見せることが大事なんだと思っています。

娘のうちの2人が学校でいじめの問題に巻き込まれた時も、僕は子どもと一緒に学校に

5

乃村一政

行きました。担任の先生、学年主任、校長先生と話す機会をつくってもらって、本人も同席させました。

その時の目的は、「いじめを今すぐになくせ」とクレームを付けに行くことではありませんでした。先生たちに、「一緒にディスカッションしましょう」と言いに行ったんです。「先生はいじめに対してどう考えていますか。子どもという生き物、小学生という生き物をどう捉えていますか。先生はいじめたり、いじめられたりした経験はありますか。一緒に話しましょう」と。

担任の先生の力だけでいじめを解決しようなんて無理に決まっています。

僕の子どもと同じくらいか、それ以上に困っている担任の先生に寄り添わないと、問題は根本から解決しないと、最初から分かっていました。

「先生、まだ27歳ですよね。僕が27歳だったら、絶対にいじめなんか解決できません。解決できないことが悪いことじゃない。この重さをみんなで共有して、アイデアを出し合いましょうよ。一番いけないのは、自分一人で解決しようとして、できないのにできたふりをしたり、見て見ぬふりをしたり、隠ぺいしたりすることです。それに、子どもたちはピンチの時、大人がどう行動するかをよく見ています。今こそ先生の求心力の見せどころだと思いますよ」と言いました。

こういう話を、子どもの前で徹底的にしました。その後、状況はすぐに改善しました。

「一政、うざいけどやる時はやる」

――日頃マネジメントに関わっている立場ならではの、冷静かつ現実に沿った解決法ですね。

乃村　こういうことがたまにあると、「一政、いつもうざいけどやる時はやる」と子どもたちから見直されます（笑）。

まぁ、「うざい」という反応も、僕はポジティブに受け止めています。「ちょっとすごいと思っているけど、認めたくない」という愛情も含まれる表現だと思っています。

――お子さんに特に大事にしてほしいこととして、普段から伝えていることはありますか。

乃村　中学生以上の〝大きいチーム〟に薦めているのが、『フィッシュ！』（早川書房）という翻訳本です。アメリカのシアトルに実在する魚市場が活性を取り戻したことで注目され、名だたる大企業に導入された組織哲学が書いてあります。

この本の中で特に気に入っているのが、「僕らは毎朝起きた時に、2つの自由から選ぶことができる」というくだりです。

一つは、ニコニコと機嫌良く元気に周りの人に接して、相手をよろこばせることができる自由。もう一つは、無愛想で不機嫌に振る舞って、周りの人を疲れさせることができる自由。

僕は毎朝「どっち？　今日もこっち！」とニコニコ笑うわけです。子どもたちにも、毎日ご機嫌に過ごせるだけの、やりたいことを見付けてほしいと言っています。

──やりたいことを見付ける。それが職業選択でも大事だということでしょうか。

乃村　そう思います。いくらやっても苦痛に感じず、人よりもうまくできるようなことがあれば、それは天職につながるよと教えています。

実際のところ、仕事は理不尽なことの連続です。好きで得意なことでなければ続きませんよ。

ただし、天職に出合うまでに時間がかかることはある。

僕だって、天職だと思っている今の仕事に出合えたのは34歳の時です。アルバイトを含めていろんな仕事を経験して、ようやく見付けた。「だから君たちも、必ずしも大学卒業時の22歳で見付けなくたっていい」と話しています。

実はもうすぐ大学を卒業する長女も、就職活動をしながら、「私、本当は何がやりたかったんだろう」と立ち止まったんです。「じっくり考えてみたら、高校時代には保育の仕事に憧れていた」と打ち明けてくれました。

僕は、「だったら今から保育の学校に通い直したらいい」と言いました。家内は超現実主義者ですから「自分の小遣いで行かせや！」とプリプリ怒っていました。

確かに甘い親かもしれませんが、やっぱり応援したい気持ちの方が勝ちますよね。

娘には言いました。「本当は大学に通っている間に考えておかないといけないことなんだよ。たまたま今は、父さんの仕事が順調だから軌道修正を応援できるけれど、お金がなかったらできないことなんだよ」と。

5

乃村一政

お金のメリットは、選択肢を増やせること

――お金についての教育もしていますか。

乃村　高校生くらいのタイミングで、お金の成り立ちやその意味について、じっくりと話をするようにしています。

「お金を持つメリットは選択肢を増やせることだから、何かを始めたり、挑戦したりする時に、選択肢を増やしたいと思ったらお金を集めたらいいんじゃない。そんなに選択肢は必要ないなら、無理してお金を殖やす必要はない。お金を殖やすには、驚きや感動を与えること。人の役に立つことをしても、必ずしもお金は殖えないけれど、信頼は確実に増えるよ」と話をします。

お金に限らず、物事について説明する時には、唯一の正解を示すというよりも、「持論のサンプル」を与えているという感覚です。持論のない大人に育つと、世間の論調に振り回されてしまうので。

模範回答として、まねしようとしなくたっていい。「持論はこういうふうに語るんだよ」という一例をプレゼントしているつもりです。

もう一つ、子どもたちによく言っているのは、「何でもいいから、やり遂げたという成功体験を持った方がいいよ」ということです。小さなことでいいから、成功体験を増やしていけよ、と。

今の自分を応援してくれるのは過去の自分。「あの時もできたやん」という自信が、5年後の自分の背中を押してくれるんです。「できたやん」の数を4つ、5つと増やしていくたびに、自分の応援団は増えていくよ、と伝えています。

気持ちにゆとりができたのは7人目から

——8人の子育てを通じて学んだことはありますか。あるいは子育ての経験が経営に生きると感じたことはありますか。

乃村　子どもはみんなかわいいですが、本当に無条件でかわいいと思えるようになったのは7人目くらいからですね（笑）。多分、僕に気持ちのゆとりが出てきたんでしょう。

事業との関連性で言えば、子育てと事業のどちらにも共通して、「エンターテインメントの価値」を再確認する日々です。

僕は笑いを通じて、子どもたちとオープンにコミュニケーションできる関係を築けたし、僕は家族のエンターテイナーとして、子どもたちに明るい未来や可能性、日常の楽しさを与えることが、自分の役割だと思ってきました。

事業の成長においても、エンターテインメントは欠かせません。

プレゼン一つとっても、僕が重視するのは、いかに目の前の人を笑わせるか。笑いは、実はすごく高度な感情表現で、人は単に面白おかしいというだけで笑うのではなくて、驚きや感動がある時にも笑うんです。

ですから、目の前の人の様々な感性を刺激して笑わせることができたら勝ち。

家をつくる人を驚かせ、よろこばせ、笑わせたくて毎日、仕事をしています。そして、「乃村一政と一緒にやりたい」と思ってもらえることが、持続的な関係につながります。

だから、契約がすぐに決まることよりも、「乃村さん、面白いから、今度飲みに行きましょう」と言われる方がうれしい（笑）。

おかげさまで、紹介だけでお客さんが増えているので、うちの会社には営業担当がいないんです。

あと、これは子育て経験に基づく感覚なのかもしれませんが、自分たちのサービスは母性に響くものにしたいといったイメージを持つことができています。

母性に響くとは、「無条件で応援したい」「この世からなくしたくない」と思わせるようなこと。単純に欲求を満たすものではなく、使った人が自然と広めたくなるものを提供していきたいと思っています。

――子育てをひと言で表すと。

乃村　「エンターテインメント」ですね。驚きと感動があり、笑いに満ちている。

子どもたちの前でやるコントやモノマネに僕が手を抜かないのは、感性を磨いてほしいからです。質のいい笑いには必ず緊張と緩和があって、高度なユーモアのセンスや鋭い切り口の視点、語彙《ごい》力も必要になる。

5

乃村一政

子どもたちには、他人をけなして笑いを取るような下品なまねは決してしてほしくありません。だから日常的に質のいい笑いを見せたいと思っているんです。

住宅のデザインも、デザイナーに美しい家のビジュアルばかり見せていたら、美しいデザイン画しか描かなくなります。それは「美しい絵を描きたい」というわけではなくて、「美しくない絵は描きたくない」と思うようになるからです。美しくないものに対して違和感を持つようになる。

子どもたちには、美しくないものを正しく拒否する感性を磨いてほしい。それが周りの人と心地よい関係を築き、素晴らしい価値を生む人生につながるはず。

僕なりの感性教育が、「笑い」であり、「エンターテインメント」なのです。

あなたにとって、子育てとは？

エンターテイメント

乃村一政

6

泥だらけで育てる
逗子暮らしを選択
「子どもにも社員にも
まずＹＥＳと答える」

西村琢の場合

ソウ・エクスペリエンス社長

にしむら・たく

ソウ・エクスペリエンス社長

1981年東京都生まれ。
慶応義塾大学経済学部在学中の2003年、
松下電器産業（現パナソニック）の
ビジネスプランコンテストで優勝。
同社の出資を受ける権利を得るも、
起業する道を選ぶ。
大学卒業後の2005年に体験型ギフトの
企画販売会社ソウ・エクスペリエンス設立。
2016年には年間出荷数10万個を突破。
子連れ出勤や社員の社外活動の“体験”を
応援する助成制度など、
働き方の面でも注目される。

家族構成（2018年4月時点）

妻（食品プロデュースなどを展開）
長男（7歳）　次男（4歳）

神奈川県在住

――レジャーやホテルサービスのチケットなど、「体験型ギフト」で成長を続けるソウ・エクスペリエンス。西村さんも、〝体で験《ため》す〟をモットーにした子育てを実践していると聞きました。普段はどのように子育てに関わっているのですか。

西村　子どもは2人。どちらも男の子で、小学2年生と保育園の年中です。僕にとって子育ては自分の生活と切り離せないもので、「子育てへの協力」や「子育て参加」という言葉に違和感を覚えるくらい自然な営みです。

4年前に東京の世田谷から神奈川県の葉山に移り、1年前に逗子に引っ越しました。朝起きたら、子どもたちを着替えさせて朝食を食べ、保育園や小学校に送って、平日の夜は予定が入らない限り、家族全員で食事をして、子どもたちと一緒にお風呂に入ります。4歳児のトイレのあとにお尻を拭いたり、歯磨きに付き添ったあとで一緒に布団に入ったりするのが日常です。

妻は地域の仲間と食関係の事業を手がけていて、僕と同じくらい忙しい。ですから、できることを分担しながら、掃除や洗濯などの家事もしています。ただ、僕は料理はあまり得意ではないので、それだけは妻に任せています。

――それほど子育てに関わるようになったきっかけは。

6

西村 琢

西村 「子どもと過ごす時間がほとんどなかった」という話は、親世代の先輩たちから飽きるほど聞いてきました。世の中が豊かになった今、同じ後悔は繰り返したくない。それが豊かな社会を実現してくれた先人への敬意の示し方ではないかと、僕は思っています。

何より子育ては楽しいし、子どもたちの成長に関わるのは、僕にとっての純粋なよろこびです。

次男が生まれて、世田谷から葉山へ

――葉山に移住し、現在は逗子で暮らしている。これも、お子さんたちのためでしょうか。

西村 それだけではありませんが、やはり子どもたちには豊かな自然環境の中で育ってほしいと思っていました。

というのは、都内で長男が通っていた保育園を見学した時、ちょっと違和感を抱いたんです。「運動の時間」があって、限られた数の跳び箱に子どもたちが列をつくって並んでいた。「並ばせる意味ある？　飛びたい時に自由に飛ばせたらいいんじゃないの？」と窮《きゅう》屈《くっ》さを感じたんです。

6

平　日

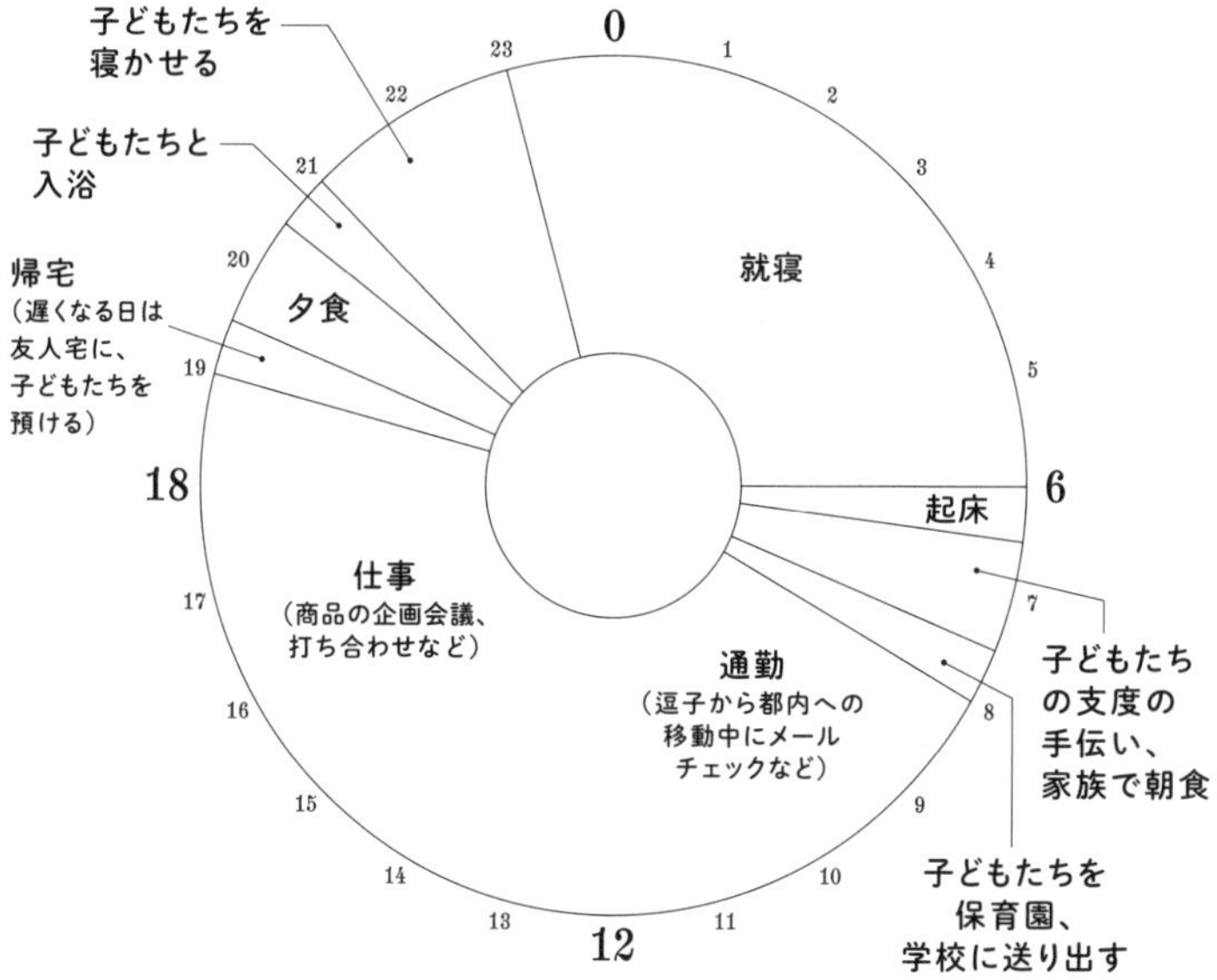

6:00	起床	19:00	帰宅（遅くなる日は、
6:30	子どもたちの支度の手伝い、		友人宅に子どもたちを預ける）
	家族で朝食	19:30	夕食
7:30	子どもたちを保育園、	20:30	子どもたちと入浴
	学校に送り出す	21:00	子どもたちを寝かせる
8:00	通勤（逗子から都内への移動中に	23:00	就寝
	メールチェックなど）		
	仕事（商品の企画会議、		
	打ち合わせなど）		

6

休　日

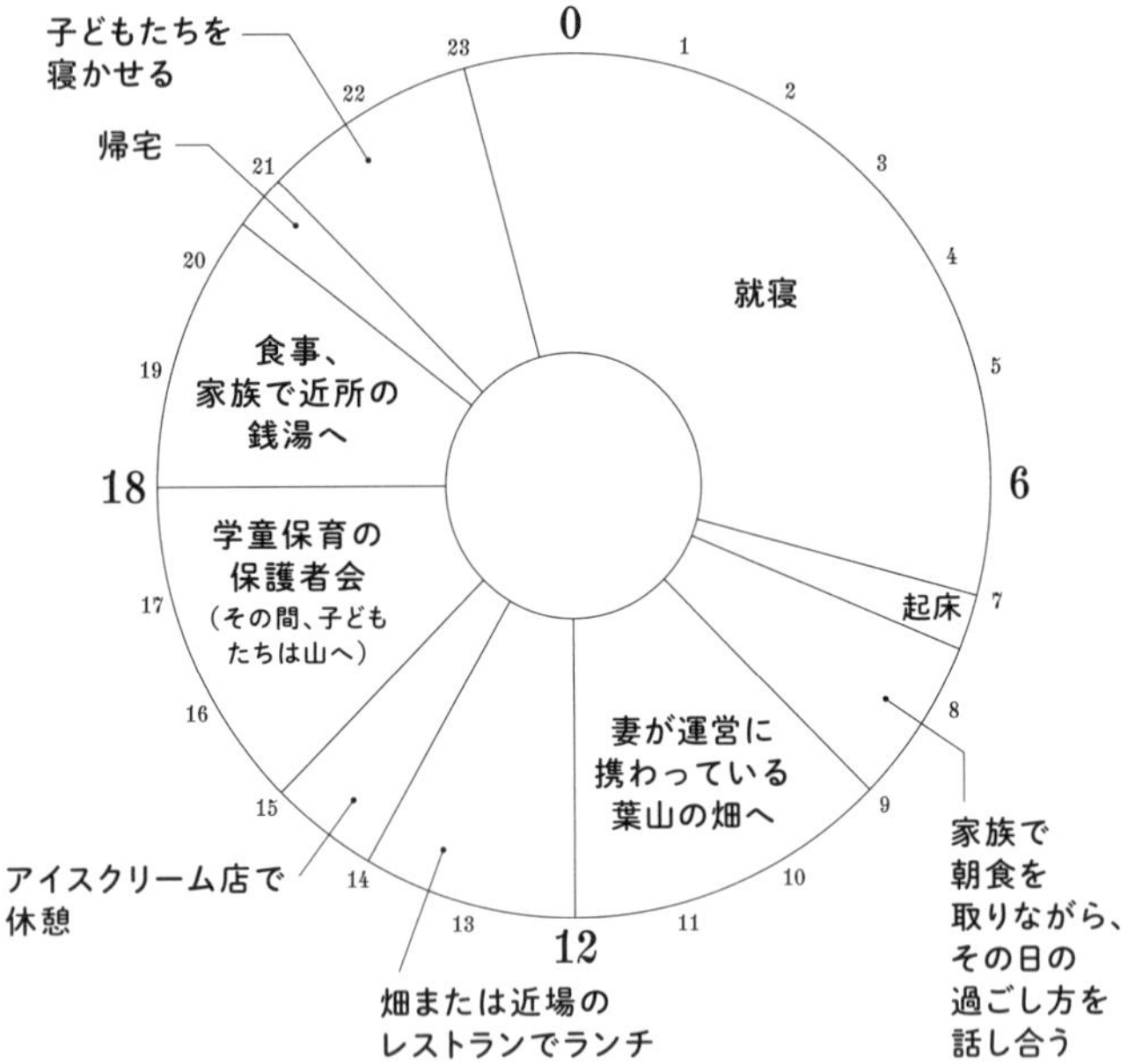

7:00	起床	14:00	アイスクリーム店で休憩
7:30	家族で朝食を取りながら、	15:00	学童保育の保護者会
	その日の過ごし方を話し合う		（その間、子どもたちは山へ）
9:00	妻が運営に携わっている	18:00	食事、家族で近所の銭湯へ
	葉山の畑へ	20:30	帰宅
12:00	畑または近場のレストランで	21:00	子どもたちを寝かせる
	ランチ	23:00	就寝

僕は経営も子育ても同じ考えで、人間は興味関心を刺激して伸ばすことで成長すると思っています。子どもたちが「これをやってみたい」と思える刺激に満たされた、欲望をかなえやすい環境を求めて、次男が生まれた数カ月後に葉山に引っ越しました。

――もっと伸び伸びとした環境で育てたい、と。実際、そんな生活ができていますか。

西村　山と海に囲まれて、自然に触れ放題の生活を楽しんでいます。次男が通う保育園は僕の知り合いが運営しているのですが、山のてっぺんにあって、山道を下れば海が広がっている。毎日、泥まみれになって帰ってきて、夜はぐっすり寝ています。

よく歩く生活になったので、体力が付くのもいいなと思っています。食事面は妻が気を配ってくれているので、子どもたちも健康に育っている。ありがたいですね。

もちろん、引っ越すことで通勤時間が長くなるデメリットはあります。けれど、むしろメリットの方が多いと判断しました。オフィスは渋谷にあって、湘南新宿ラインを使えば、始発駅から乗車できる。朝、電車に座ってメールの返信をして、ゆっくり考える仕事を済ませられる。むしろ僕の生産性は上がったかもしれません。

6

西村 琢

――職場と自宅が離れていると、保育園のお迎えや急な呼び出しで苦労しそうですが。

西村 積極的に近所の友達を頼っています。例えば、今日は僕が普段より遅めの夜20時くらいの帰宅になりそうで、妻は池袋で夜遅くまで仕事の予定が入っています。子どもたちは僕が帰ってくるまで、長男の学童仲間の家で過ごします。その家の下の子がうちの次男と同じ保育園に通っているので、一緒にお迎えしてもらえる。この友達は、重要なキーパーソンです（笑）。こんなふうにお願いできる同世代の子育て家庭が近所にいくつかあって、互いに頼り合うようにしています。

親以外のいろんな人が迎えに来るので、保育園の先生も驚いているようで、たまに電話がかかってきます。「今日お迎えに来た方に、お子さんをお渡ししても大丈夫でしょうか？」「あ、こういう顔立ちの○○さんですよね。問題ないです！」と。

わが家にもよその子どもたちがしょっちゅう出入りしています。子どもだけでなく、大人も出入りしていて、うちの玄関のドアは1日100回くらい開いています。

圧倒的にうちが助けられることが多いんですが、夏休みとか、みんなが困っている時期に、僕が大勢をまとめて遊びに連れて行ったりして、累積債務を返上しています（笑）。

子育てQ&A

Q.	A.
教育プランは？	現在は近所の公立小学校。 将来は未定。 将来の逆算から今を決めたくない。
習い事は？	剣道、公文、 特徴ある民間学童2カ所（海と街）。
お小遣いは？	3歳から財布を持たせ、 100～200円程度の買い物をさせている。 空き瓶のリサイクルも。
スマホやゲームなどのデジタルデバイスは？	大好きな「YouTube」は1回15分、 1日2回まで。
子どもがよろこぶ得意料理は？	鉄板焼き （焼きそば、トマト&チーズ焼き）
子育てを円滑にするための工夫は？	子育て中の近所の家族と助け合う。 玄関は常にオープンに。 職場は子連れ出勤OK。

人に頼り、頼られることで、面倒が増えることもあります。けれど、面倒の先に得られる安心や楽しみがあるから、面倒をいとわない方がいいと思いますね。

友人の家庭以外にも、家族でよく行くカレー店など、店長と顔見知りの飲食店が近所に何軒かあって、「困ったことがあったらここに寄りなさい」と子どもたちに言っています。

子育てで大切なのは、親が無理せず、できるだけラクをすることです。

〝怠惰によるラク〟ではなく、〝工夫によるラク〟。これを得た余裕や楽しみからは、明るい未来が期待できます。

6

西村 琢

「子連れ出勤」をOKにした理由

――ソウ・エクスペリエンスは、「子連れ出勤」ができる職場としても話題になりました。オフィスにもキッズスペースがあります。西村さんもお子さんを連れて来るのですか。

西村　長男が小さかった頃は、よく連れて来ていました。病気回復期、保育園の許可は下りないけれど元気な時とか。

会社の創業者であり、社長である僕が子連れで働いていたから、周りの社員も気兼ねなく連れて来られるようになりました。

創業期のベンチャーは、社員が少なく、一人が複数の仕事を同時並行で抱える切実な状況です。ですから、産後すぐに職場復帰できる環境が必要なのです。

社員にやさしい制度というより、経営上のサバイバル戦略としての仕組みです。

子連れ出勤に限らず、僕は社員の「〇〇したい」という希望には、基本的に「YES」と言える経営者でありたいと思っています。「副業したい」「スキルアップの時間がほしい」「2週間休んで充電したい」……。

そういった希望には、まず「YES」と答えます。それから、どうやって実現しようかと考えていく。一見、難しく思えても、たいていは工夫次第で何とかなるというのが僕の実感です。

「YES主義」でいるのは、提案に対してポジティブな組織をつくりたいからです。「どうせ提案しても否定される」「実現するのはきっと無理だ」と社員に諦めさせてしまう組織に、未来はありません。制限や妥協も時には必要だけれど、要求したり願望を抱いたりすることは「是」と思える環境をつくりたいと、常日頃から考えています。

それは、子育てでも同じです。子どもたちの「〇〇に行きたい」「△△を食べたい」「×

×と遊びたい」には、まず「YES」を返してから、ルールを決めていきます。

──例えば、どんな要望がお子さんから上がってきますか。

西村 日常レベルでは、「YouTubeが観たい」もその一つです。「いいよ。ただし1回15分、1日2回まで。自分でタイマーセットしてね」と言っています。なぜ長時間観るとダメなのかという理由も説明しました。すると、自分でiPadのタイマーをセットしていますよ。

去年は息子が釣りの動画にハマって、「そろそろ15分経つぞー」と覗いた時にマグロ釣りの動画を見付けて、僕も一緒に観ていたらとても面白かった。葉山港からマグロ釣りに参加できることが分かって、「やってみるか」と息子と参加しました。

結局、三浦半島の城ヶ島で友人が釣り船をアレンジしてくれて挑戦したのですが、その日は大時化《おおしけ》で釣れませんでした。今年も挑戦するつもりです。こういう思いがけない体験につながるのも、「YES主義」のメリットだと思っています。

息子の興味関心がきっかけで、僕が新たな体験をして、「これいいじゃん」と商品のギフトに加えたレジャーも結構あります。東京ドームシティで遊べるローラースケートも楽しかったので、メニューにしようと検討しています。いずれにしても、息子との経験が商品開発につながっているのは確かです。

子育てと経営の方針は、ほぼ一致している

――子どもの希望をかなえたいと思っていても、「どこまで話を聞くべきなのか？　ワガママに育たないだろうか？」と不安になる親は多いと思います。

西村　最初は僕も心配しました。「これはきりがないな」と折れかけたこともありました。けれど、生活環境を変えてからは、海や山に囲まれて、子どもたちは日常的に豊かな体験ができている。そうなってからは、「まあ、このくらいいいか」と寛容になれた気がします。

――そういった子育ての方針は、夫婦で共有しているのでしょうか。

西村　しょっちゅう話しています。今回も取材を受けるに当たって、子育てに対する考えをまとめて書き出して、「どう？　違和感があったら教えて」と妻に見てもらいました。

子育ての方針だけでなく、経営方針や社内向けに書いた文章もよく妻に見せています。僕にとって、子育てと経営のビジョンはほぼ一致していて矛盾がない。同じ感覚です。

――お小遣いのルールは決めていますか。

西村　うちの場合、3歳くらいから小さい財布を与えて、100円、200円の買い物をさせています。家から徒歩15秒の場所に、駄菓子から生活用品まで売っているミニスーパーのような商店があって、そこでお菓子やアイスを買ってみたい気持ちが芽生えたようです。予算内で買えるかと自分で計算するのも勉強になりますよね。

空き瓶を持って行って10円もらって、お礼を気持ちよく言えたらオマケをしてもらって、そのお金を貯めて、また買って……。遊ばなくなった玩具をリサイクルしてお金に換えて貯めたりと、小さな経済を学ぶ機会になっていると思います。

7歳の長男はお金が大好きで、しょっちゅう財布の中の小銭を数えています。少し前に「キッザニア」に遊びに行ってからは、ますますお金に親しみが湧いたようです。

――教育に関してはどんなプランを立てていますか。

西村　今、長男は近所の公立小学校に通わせていて、今後は未定です。ただ強く思っているのは、未来志向よりも今志向でありたいということ。将来から逆算して今を忙しくするより、今この瞬間をできるだけ心地よく、楽しく過ごすことが大事なんじゃないか、と。「今」の連続の先に、しかるべき「未来」が開けるはずです。そもそも10年後の世界は想像もできませんし。

子どもたちには必ず毎日、「今日楽しかった？」と聞いています。「今日が楽しい」。それさえ担保できていれば、未来の幸せは付いてくると楽観しています。僕もそうありたいですね。

ベンチャーキャピタリストの伊藤穰一さんが、「フューチャリストよりナウイスト」と書かれていたのを見たことがありますが、まさにその通り。ただ経営では、多少は未来を見据えた逆算思考も問われるので、その点は唯一違います。

子どもたちの日常を観察していると、これ以上何か与えようとしなくても、十分に興味関心のある素材を楽しんでいる。家やオフィス、外出先で出会う様々な大人たちや、学校の授業、友達との交流、逗子の自然や大好きなデジタルデバイス。すでに濃密な時間に満たされています。

学校教育に対して、思うところがないわけではありません。大勢の生徒が、一斉に前を向いて一人の先生の話を聞くスタイルは、おそらく過去の大量生産型の経済にひも付いたものでしょう。

これからの社会には、江戸時代の寺子屋のような、机の並びもバラバラで、個人の興味関心を深める教育スタイルが合っているとも思います。少なくとも、家庭の中では好きなように自分の気持ちや主張を吐き出せる環境をつくっていきたいですね。

――グローバル教育については、何か考えていますか。

西村　それも本人の関心次第ですが、少なくとも「留学は大したことではない」と思えるような感覚に育てたいなと思っています。距離や移動を心理的ハードルに感じないようになってほしい。

6

西村 琢

僕は、神奈川県のあざみ野で育ち、あちこち旅行に行くような家庭ではなかったので、結構狭い世界で生きてきました。中学受験で慶応附属に入り、友達を通じて世界は広がったけれど、大学時代もそれほど海外には行きませんでした。

社会に出てから、意識的に外に飛び出すようになって、少しずつ壁を克服していきました。子どもたちには、できるだけ早くから、距離に関係なく行動する楽しさを知ってほしいと思います。「○○に行きたい」には、できるだけ応えようとしています。

そうやっていると、本当に距離に対するハードルが低くなっていますね。「今日は沖縄に行きたい！」とか「今から沼津の水族館に行こうよ」と誘われます（笑）。「今日は無理だけど、必ず行こう」と約束します。恐竜に興味があるなら「中国に化石を見に行こうか」と自然に言えるくらい、頭の中の世界の枠を広げてほしいなと思います。


――子どもの興味関心を応援すると、大人の日常も自然と豊かになりそうですね。


西村　とても実感しています。忙しいですよ。早起きしてカニの水槽を掃除して、カブトムシの幼虫の餌になるマットを注文して（笑）。

こういう日常体験がヒントになって、群馬県にある月夜野きのこ園と組んで、昆虫を育てる体験型ギフトを開発しました。

子どもの興味関心を観察していると、僕の感性も刺激されて、行動がどんどん広がっていく。興味のエンジンをもう一つ搭載しているような感覚です。

6

西村 琢

「これをやってみたい」を見逃さずに応援したい

——西村さんはどういう育てられ方をしたのでしょうか。

西村 勉強や運動はどちらかというとできる方だったので、親からうるさく言われることなく、自由に過ごしていた記憶があります。

中学受験のために塾には通いましたが、緩めの塾だったので、楽しんで通っていましたね。水泳やピアノ、テニスなどの習い事もそれなりにやって、母親が送迎などをサポートしてくれていました。父親とはよく外で遊んだ記憶があって、近所で兄と一緒にキャッチボールやテニスをしていました。

ただ一つ、可能性が閉ざされたと思っていることはあって、それがマンガとゲームです。物心が付いた時から、何となく「マンガとゲームは悪」という雰囲気があったので、思い切り没頭する経験がないまま大人になってしまいました。いまだに「ドラゴンクエスト」や「ドラゴンボール」の話で同世代と盛り上がれないのは、ちょっと悔しいですね。

しかも、大人になってからマンガやゲームに関心を持とうと思ってもなかなかできない。興味関心には、幼少期の〝初動〟が大事なのだと身を持って感じています。

――お子さんは、お父さんの仕事をどのように認識していますか。

西村　「パラグライダーとかのチケットを売っているんでしょ？」と言っているので、まあ、当たっているかなと（笑）。

――お子さんの職業選択はどのようにサポートしていきたいですか。

西村　職業は、興味関心の先にあるものだと思うので、とにかく「これをやってみたい」という気持ちを見付けたら、見逃さずに応援してあげたいと思っています。お金は、人がよろこぶことをしたら気持ちよく払ってもらえるものだと伝えています。

職業を形づくるエンジンが興味関心だとすれば、ハンドルの役目を果たすのが知識やスキルです。ただ、それはあとからいくらでも付いてくるので、まずは強力なエンジンを生み出す心を育てたいと思います。

最近、長男が剣道を始めたんです。そのきっかけは、僕が名古屋出張で彼を連れて行った時に見た名古屋城です。お城を見て、カッコイイと思ったようで、後日、小田原城にも行って、そこから武士の世界に興味を持ち始めたようです。たまたま近所で剣道を習えるところがあるから、「行ってみるか?」と聞いたら「やりたい」と。

今は通い始めて3回目で、気持ちの波もありますが、上達するとうれしいようです。

何がきっかけで興味の芽が出るか分からないし、そのタイミングはできるだけ逃さないようにしてあげたいですね。

子育ても経営も「It's my pleasure!」

——話題のVR(仮想現実)しかり、「リアルでなくても疑似体験できる時代」に生きる子どもたちに、できるだけリアルな体験をさせたい思いが強いのですね。


西村 つい最近、「優しさって何だろう」ということを考えていたんです。

寒い雪の夜、妻と友人が岩盤浴から帰ってくる時、ちょうど僕は息子たちと映画の帰りだったので、30分ほど待って、クルマで妻をピックアップしたんです。

その時、妻の友達に「優しいね」と言われたんですが、その言葉が引っかかって。そうじゃないんだよな、と。別に、優しいと思われたいからやったわけではなくて、単に自分がそうしたかったからなんです。せっかく岩盤浴に行ったのに体が冷えるのは何だかなぁと思ったから、待っていただけなんだけど……。

しばらくモヤモヤしていたんですが、年初に友人とアメリカに行った時、思わず膝を打つような経験をしました。ロサンゼルスの空港から日本に帰国する時、飛行機が遅れて、航空会社がお詫びに10ドルのドリンクチケットを配ってくれた。

そこで僕は、ビールを飲もうとカウンターに並んでいたんです。けれど、「アルコールは適用外」と言われて諦めようとしたら、後ろに並んでいたごく普通のおばさんが「あなた、かわいそうだから私が払うわ。ビールを飲みなさい」とお金を払おうとしたんです。「え、いいよいいよ。悪いから」と遠慮したら、彼女が笑顔で「It's my pleasure!」と返してくれた。

ああ、これだと。「これは私のよろこび。好きだからやっているの」という思いが、本当に豊かだと思いました。しかも、いかにもお金持ちのマダムではなく、本当に普通のおばさんがそう言ったことに、この感覚の普遍性を感じたのです。

子育てもそうなんです。「子育てに協力してやっている」「頑張って子育てしている」という姿勢ではなくて、「好きだから、楽しいからやっている」。職場を子連れ出勤OKにしたのも、優しさではなく、自分がそうしたいから。その方が、会社が安定して成長するからです。

その人が本心からやりたいことや、心地いいことを追求して応援すれば、結果的に周りの人たちのよろこびや幸せにつながっていく。性善説で成り立つ考え方かもしれませんが、僕のすべての思考の根底にこれがある気がします。

6
西村 琢

――西村さんにとって、子育てとは。


西村　「最強のエクスペリエンス」です。体験をテーマにした会社を10年以上経営してきましたが、子育てに勝る発見と学びの体験は、ほかにありません。

子どもたちの関心は、脈絡のないひらめきや、その瞬間の気持ちを純粋に感じ取ったセレンディピティー(偶然性)に満ちていて、いつも「そう来たか」と驚かされます。

子どもたちの感性こそ最先端であり、未来をつくるものです。

経営と子育ての方針はほぼ一致すると話しましたが、その思考を深め、フィードバックする素材が、子育ての時間によって増えるし、多様化していると感じています。

どこまでも発想を広げてくれる子どもたちをリスペクトしているし、感謝しています。

あなたにとって、子育てとは？

最強の

エクスペリエンス

西村琢

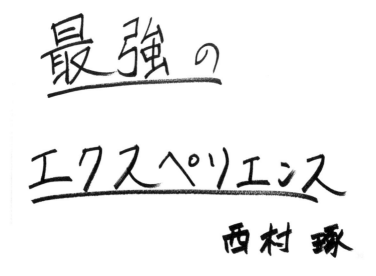

7

チームで乗り切る子育てシェアリング「メルカリで経済の仕組みを教えたい」

重松大輔の場合

スペースマーケット社長

しげまつ・だいすけ

スペースマーケット社長

1976年千葉県生まれ。
早稲田大学法学部卒業後、
2000年にNTT東日本に入社。
創業初期のフォトクリエイトに参画し、
新規事業や広報、採用に従事。
2013年に東証マザーズ上場を経験。
2014年にスペースマーケットを創業し、
レンタルスペース・貸し会議室の
ホストとゲストをつなぐサービス、
「スペースマーケット」を立ち上げる。

家族構成（2018年7月時点）

妻（ベンチャーキャピタリスト）
長女（9歳）　長男（5歳）　次男（3歳）

東京都在住

SPACEMARKET
SINCE 2014

MARTINI

――空きスペースを有効活用して他人に貸す予約サイトを運営するスペースマーケット。創業者である重松さんが子育てに積極的だと聞きました。奥さまはｉＳＧＳインベストメントワークス取締役で、ベンチャーキャピタリストとして活躍する佐藤真希子さん。世間から見れば、まさに〝パワーカップル〟です。お子さんは何人いらっしゃいますか。

重松　3人です。上から小学3年生の女の子、保育園年長の男の子、年少の男の子。小学生1人と保育園児2人を送迎するサイクルを回さないといけないので、まだ手のかかる時期です。

――保育園の送迎も重松さんの日課ですか。

重松　妻も忙しいので、朝の保育園への送りはほぼ毎日、出かける前の子どもたちの支度のサポートも、基本的に僕が担当しています。

典型的な流れは、僕が6時半頃に起きて、6時45分に子どもたちが起きてくる。それから朝ご飯を食べさせて、着替えや準備を手伝う。長女は私立の小学校に通っているので、少し早めの7時10分頃に妻と一緒に出かけていきます。

その後、僕が下の2人を連れて保育園へ。月曜日の朝は着替えなどの荷物が多くて大変です。自宅からオフィスまでは徒歩20分の距離なので、電動ママチャリで出勤することも多いですね。ママチャリ通勤の姿を知り合いに見られて、写真を撮られたこともあります(笑)。

——**朝食も重松さんが用意しているのでしょうか。**

重松　大体、そうですね。簡単にパッと出せるもので、つくり置きも活用して。保育園に持っていく着替えや連絡帳などの準備も、できるだけ効率的にやっています。

複数あると便利なものは、あらかじめ複数買っておくなどして、パッと用意できるようにしています。

——**「効率化」がキーワードである、と。**

重松　あと、自分たちでなくてもできる家事は、積極的にアウトソースしています。今は週3回、朝8時から11時の時間帯に、シルバー人材センターから家事代行の方に来ていただいて、洗濯や掃除をお願いしています。

慌ただしい時間帯に、家事を任せて子どもたちの世話に集中できるので助かっています。帰宅すると家がスッキリと整っているのもいいですね。

7

平　日

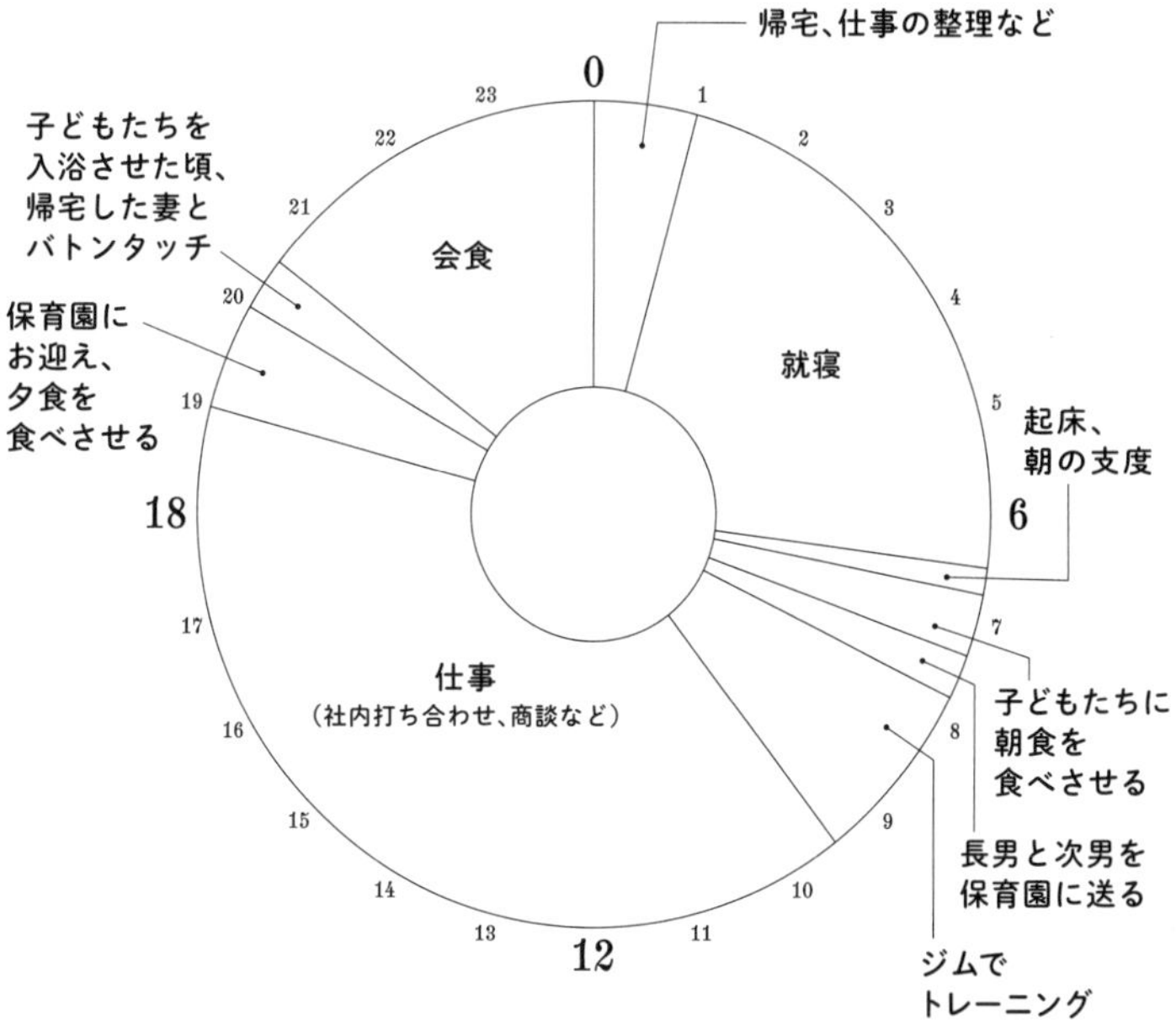

6:30	起床、朝の支度	19:00	保育園にお迎え、
6:45	子どもたちに朝食を食べさせる		夕食を食べさせる
7:20	長男と次男を保育園に送る	20:00	子どもたちを入浴させた頃、
7:45	ジムでトレーニング		帰宅した妻とバトンタッチ
9:30	出勤	20:30	会食
	仕事（社内打ち合わせ、	24:00	帰宅、仕事の整理など
	商談など）	25:00	就寝

7

休　日

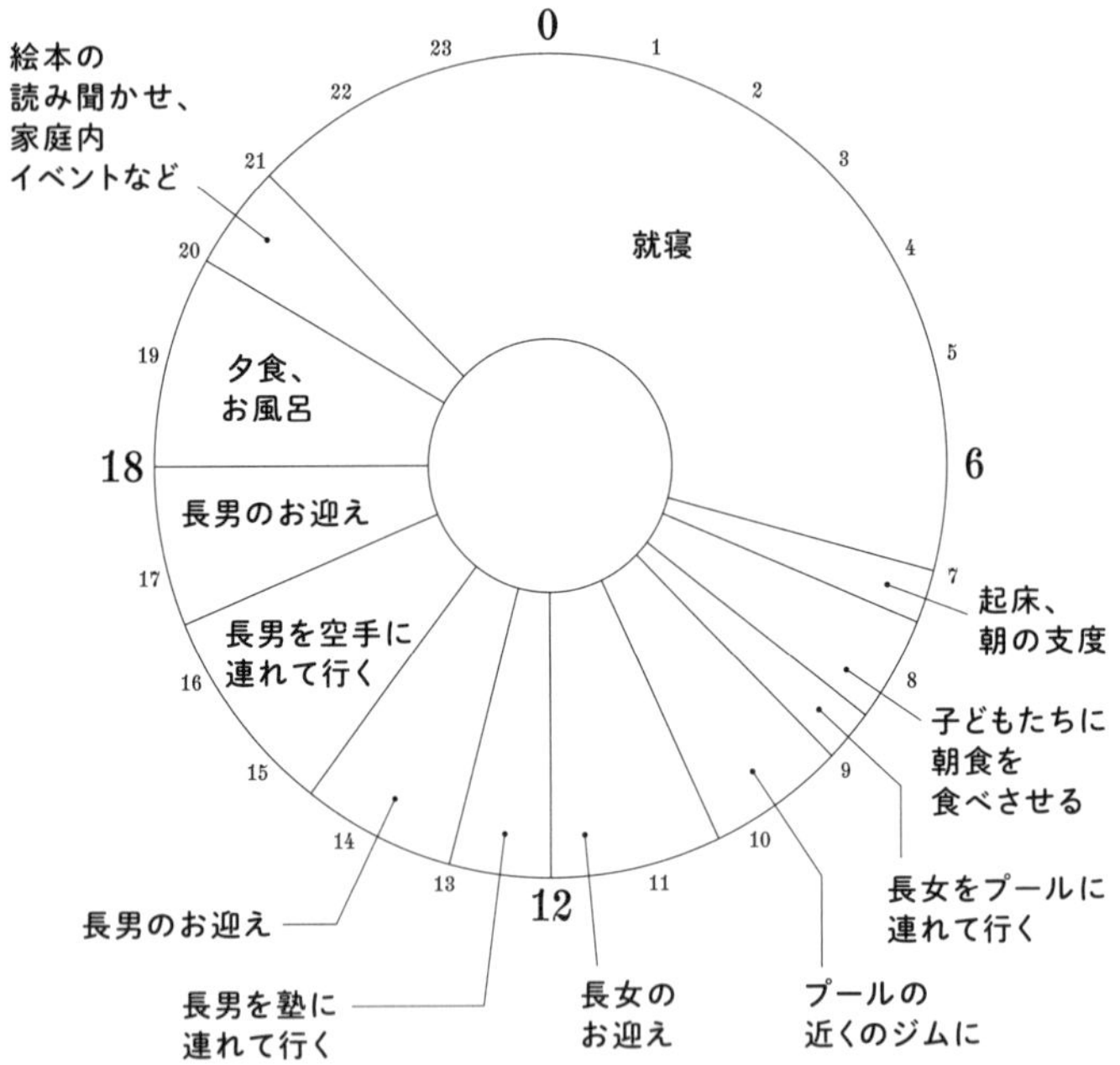

7:00	起床、朝の支度	14:30	長男を空手に連れて行く
7:30	子どもたちに朝食を食べさせる	16:30	長男のお迎え
8:30	長女をプールに連れて行く	18:00	夕食、お風呂
9:00	プールの近くのジムに	20:00	絵本の読み聞かせ、
10:20	長女のお迎え		家庭内イベントなど
12:00	長男を塾に連れて行く	21:00	就寝
13:00	長男のお迎え		

子育てを全部自分たちだけで抱え込もうとせず、できるだけ周りの人、外の力を巻き込みながらやっていくのが、うちの方針です。

次男は生後3カ月から保育園に通っていますし、妻の両親にもお世話になっています。今は平日には習い事の送迎があったり、夕方の保育園の迎えに僕ら夫婦だけでは間に合わなかったりする日もあるので、週2日程度はお義母さんに泊まってもらっています。

また、近所のパパ友ネットワークも頼りにしています。うちは経営者カップルで多忙なので、外の力をいかに頼って子育てを回していくかがポイントだと思っています。

パパ友とも子育てをシェア

――子育てでは主に朝の時間帯を担当しているようですが、やはり帰宅は遅くなりますか。

重松　夜は、会食が週に3日くらい入るので、毎日お迎えができるわけではありません。大体、平日5日のうち2日は妻、2日は妻の両親、週に1日僕が行けるかどうか、というくらい。迎えに行ってご飯を食べさせ、お風呂に入れ終わった頃に帰宅した妻とバトンタッチして、また会社に戻ったり、宴席に2次会から参加したり、ということもよくあります。

毎日バタバタですが、何とか夜21時には子どもたちを寝かしつけるサイクルを保っています。自宅と職場を近い場所にして移動時間を短縮することも、この生活を移持するための重要ポイントです。

――外の力を頼りつつ3人の子育てというと、「今日は誰がお迎え担当だっけ?」と、連絡の行き違いが生じることもありそうです。どのような工夫をしていますか。

重松　家族で、子育て関連の連絡専用LINEグループをつくって、妻の両親にも入ってもらっています。パパ友とも別のグループをつくっていて、例えば雨の日には「クルマで保育園まで送るけど、誰か一緒に乗っけようか?」といったやりとりをしています。

朝の20分、30分の時間は貴重ですから、こういう細かな日常の助け合いは大事にしたいと思っていて、遠慮なく貸し借りしています。

周りも共働きが多いので、「まとめてお迎え」や「親が帰宅するまでの預かり合い」を積極的にしています。子どもたちも、友達と一緒の方がうれしそうだし、大人も複数で見守る方がラクですから。

子育てQ&A

Q.	A.
教育プランは？	長女は私立小学校に進学。 ゆくゆくは海外教育も前向きに検討中。
習い事は？	プール、空手。
お小遣いは？	決まった額のお小遣いは まだあげていません (「ステージ」の投げ銭くらい)。
スマホやゲーム などのデジタル デバイスは？	アマゾンプライムで映画作品を 観せている。スマホには知育アプリ 「Think! Think!」を触らせている。
子どもが よろこぶ 得意料理は？	肉野菜炒め。
子育てを円滑に するための 工夫は？	〝子育てシェア〟の発想で周りの 家族と助け合う。義理の両親の力も借り、 夫婦だけで抱え込まない。

7

重松大輔

〝子育てシェア〟にビジネスチャンスも

――まさに〝子育てシェア〟の発想ですね。

重松　事業では「空間」のシェアリングを提供していますが、私生活では「子育て」のシェアリングを実践中です。いかに賢く、ともに楽しみながら、みんながラクできるか。

子育てシェアの分野は、ビジネスチャンスとしても大きいと実感しています。

共働きがこれだけ増える一方で、まだまだ元気で活躍できる高齢者も増えている。例えば家事サポーターを1人か2人、同じマンションの住人でシェアする仕組みをつくれば、1対1の雇用関係を結ぶよりも、互いにメリットが大きいんじゃないか、とか。

――住人専用カーシェアサービスのように、家事もシェアする。確かに需要はありそうです。地域で子育てというコンセプトが実現しやすい仕組みを提供する、という提言ですね。

重松　テクノロジーの進化、個人の消費行動や価値観の変化という背景があって、シェアしやすい環境は整ってきています。従来よりも〝子育てシェア〟がしやすい時代になっている。その流れを加速すべきだと思います。

一方で、「持ちつ持たれつ」の意識は大事なので、人にお願いするよりも前に、まず自分から「やろうか」と言うように心がけています。

――重松さんを子育てに向かわせている原体験は何でしょう。

重松　両親が共働きで、2人とも教師だったという背景は大きいかもしれません。教師は男女対等の文化ですし、母親は定年まで勤めていて、4人きょうだいの子育てに父親が積極的な環境で育ちました。今でも母は「うちのお父さんは、元祖イクメンだった」と自慢しています。

また、最初に就職したNTT東日本も女性が活躍している職場でした。管理職として活躍する女性の先輩も結構いて、話を聞いてみると、お子さんをしっかりと教育していたり、豊かな生活を送っていらした。「こういう家庭が今後のスタンダードになるだろう」と予測できましたし、僕もそんな家庭を目指したいと思いました。

だから、独身の頃から「バリバリ活躍している女性と結婚したい」という願望がありました。

7

重松大輔

ワークとライフを分けるなんて無理

――そしてまさに理想的なパートナーに出会った。ベンチャーキャピタリストの妻と起業家の夫というと、公私を超えてシナジーのありそうなご夫婦ですね。

重松　はい。公私はもう完全に溶け合っています。「ワークライフバランス」という言葉を聞くと、「ワークとライフを分けることがそもそも無理だろう」と感じます。

互いにそれぞれの立場で、仕事を通じて自己実現できている姿を子どもたちに見せていきたいと思っています。

――お子さんの前で仕事の話をすることもありますか。

重松　しょっちゅうです。家の中でも妻とはよく仕事の話をします。週末はなるべく、仕事を入れないようにしていますが、講演などで地方出張が入ったら、できるだけ子どもを連れて行ったりしています。

つい先日も、妻が北海道出張に子どもを連れて行きましたし、昨年、フィリピンの語学学校に1週間通った時も、長女と一緒に行っていました。

親がいろいろな場所で仕事を頑張っている姿を見せるのは、悪くないことだと思います。僕も子どもの頃、親が勤める学校に連れて行ってもらったことが、楽しい思い出として残っているので。

僕も会社のイベントには、子どもたちをよく連れて行きます。親の仕事を通じて、子どもたちにいろんな体験をさせてあげたらいいなと思っているんです。

まあ、休みの日に夫婦のどちらかに仕事が入った時、「3人置いていかれたら大変だから、誰か1人は連れて行って！」という事情もありますが（笑）。

——まだ手のかかる年齢の3人の子育ては楽しめていますか。

重松　3人それぞれ個性が違ってにぎやかです。

一番下の次男はまだ3歳ですが、彼が一番やんちゃで無茶苦茶です。今は何でも反抗したい時期のようで、今朝も30分くらいごねられました。「このコップは嫌」「パンは食べたくない。ご飯がいい」「この靴は履きたくない」……（笑）。

長女は運動が得意なアスリートタイプ。長男はすごく優しくて、きょうだいの調整役。3人とも性格が全く違うので、「どうしてこうなるんだ？」と人間の面白さを感じます。

7

重松大輔

――もともと、お子さんは1人より2人、3人と、希望されていたんですか。

重松　僕が4人きょうだいで育って、家族がたくさんいる楽しさを経験してきましたし、経営者の先輩方からも、「子どもは多い方が可能性が広がるよ」という話をよく聞いてきました。

お金を稼いでも、結局、使い道の選択肢は限られます。であれば、未来に向けて投資をしていった方がいい。子どもは未来そのものなので、子どもたちに何かを与えていけるような時間とお金の使い方をしていきたいなと考えていました。

好きで得意なことを生かしてほしい

――子育てのポリシーで一番大事にしていることは何ですか。

重松　会社の採用で大事にしていることの一つでもありますが、「好きで得意なことを伸ばしてほしい」ということです。

どんな分野でも平均点を取れる能力も大事だけれど、それだけでは足りなくて、何か一つ、突出したものを伸ばしてほしい。

そのためには、子どもたちの日常にちゃんと寄り添って、しっかりと観察することが大切です。うちの場合は、長女が運動能力に長けていて、長男は工作や絵が得意。次男は今のところ「難癖を付けるのが得意」くらいですが（笑）、何らかの長所につながっていく期待大ですね。

——好きで得意なものを見極め、伸ばすために、どんなことを意識していますか。

重松　いろいろなことを試すチャンスを与えるようにしています。たまたまやってみたことにハマることもあるはずです。

長男は優しすぎる性格なので、空手に挑戦させてみたら、ラッキーパンチで初めて出場した区大会で3位になりました。そこからぐんと自信をつけて、最近は走ることも得意に感じるようになってきたようです。

親だけではなく、ほかの人がほめて評価したことを、子どもが「自分が得意なこと」と認識できるように声をかけています。

親がほめるのは当たり前。だけど、親以外の大人がほめることは本物の特技として身につく可能性が高い。「区大会で3位になったんだって。すごいじゃん」と周りの大人にほめてもらったタイミングを逃さず、一緒に肯定する言葉をかけるようにしています。

――重松さんは学生時代にラグビーをなさっていたそうですが、運動については特に重視しているのでしょうか。

重松　身体を鍛えておくことは大事だと思います。体力や持続力は一生ものの財産ですし、経営者でトレーニングを続けている人は多い。トライアスロンやマラソンのような、休日に時間を取られるスポーツを実践することは難しいけれど、24時間いつでも通えるトレーニングジムの会員になっていて、出勤前に30分ほど汗を流すようにしています。

子どもたちには水泳を習わせています。長女はバレエも習っています。土曜日は習い事で忙しく、日曜は友人家族とバーベキューをしたりして過ごすことが多いですね。

7

重松大輔

情熱を注げるものでなければ仕事は続かない

――先ほどのお話にあった、「好きで得意なことを伸ばす」方針が会社の採用にも通じる、というのはどういうことでしょう。

7

メルカリで経済の仕組みを教えたい

重松　これは僕の創業経験を通して確信しているのですが、飽きずに情熱を傾けられる対象でなければ、仕事は続かないし、勝てないんです。好きで得意なことなら、勝手に努力するから効率よく成長できる。

だから子どもたちも、好きで得意なことが見付かったら全力で応援してあげたい。長男は空手へのスイッチが入って、「もっと習いたい。頑張りたい」と言いだしたので、今は週3回習わせています。送り迎えは大変ですが、周りの手も借りています。

——仕事に忙しい親だと、つい「送迎が大変だから習い事は週2回までかな」などとセーブしがちです。そこで諦めないのですね。

重松　できるだけ、子どもに寄り添いたいと思っています。子どもの挑戦を応援できない理由が親の忙しさだとしたら、そこに解決すべき課題があるのだという気付きになって、「送迎をサポートするサービスも事業化できるんじゃないか」と考えたりできます。

送迎バスのシェアでもいいし、送り迎えサポーターのシェアでもいい。解決できる手段は、これから僕たちが生みだしていけばいい。

子育てとシェアサービスは親和性が高いと感じています。実際、スペースマーケットを利用するお客さんにも子育て世代が多い。「子連れで集まってパーティーをしたいけれど、ほかのお客さんがいる店では気を遣う」というパパやママが気兼ねなく集まる場として、貸しスペースを利用してくださっていますから。

7 重松大輔

数年単位で、学校も自由に移れたらいい

――教育プランについて教えてください。ご長女は私立の小学校に通っているとのことですが、小学校受験を決めた理由は何でしょう。

重松　長女が通っていた保育園の一つ上の学年に、勉強もスポーツもできる大好きなお友達がいて、その子がたまたまその私立校に入ったんです。すると長女が、「私も行きたい」と言いだしました。

僕は高校までずっと公立で育ってきて、私立小学校の環境はイメージできませんでした。ただ本人は毎日、楽しそうに学校に通っています。

公立の小中学校には本当にいろいろな背景の同級生がいて、多様な環境に身を置くという意味では、すごく良かった思い出があります。

一方で、経営者仲間からはインターナショナルスクールや海外の学校に通わせる良さを教えてもらうことも多く、選択肢がいろいろあって迷います。

今は、夫婦とも日本をベースに仕事をしているので、すぐに海外に行くことはありません。ただ2人目、3人目にはまた違うコースを考えるかもしれません。

いずれにしても多様性のある教育環境は経験させたいと思っています。

本当は、数年単位で学校も自由に移れたらいいのにと思っています。

転職のように、もっと流動的に、子どもたちが自分で学ぶ環境を選べたらいい。親の都合による転校ではなく、子どもが主体となって学校を選ぶ転校システムがあったら、公立も私立も、より教育の質を磨こうとするだろうし、不登校の問題も解消するのではないでしょうか。

――実際に私立校にお子さんを通わせてみていかがですか。

重松　やはり独自の教育方針を実践している点が興味深いですね。

若くて熱心な先生が多く、ＩＣＴ（情報通信技術）をどんどん取り入れているのも新鮮です。親同士の交流の機会を多く設けていただいているのもありがたい。親御さんには、私たちと同じような共働きも多く、教育についての皆さんの持論も勉強になります。

私の友人が、子どもを北京のインターナショナルスクールに通わせていて、夏休みの間は、一時的に日本の学校に通っています。その子が、「日本人はどうして文句を言わないの？　寒い日にプールに入りたくないなら、『入りたくない』と言えばいいのに」と親に不思議そうに言ったそうです。これから日本の教育環境に、いろんな国籍の子どもたちが交ざっていくと、学校の常識もどんどん塗り替えられていくでしょうね。

7

重松大輔

「リーダーになれ」と伝えるワケ

――家庭内での教育方針はいかがでしょう。「こういうふうに育ってほしい」とお子さんに伝えていることはありますか。

重松　「リーダーになれ」と繰り返し伝えています。これからの時代は、どんな立場や役職であっても、リーダー思考がなければ活躍できません。自分の頭で考えて行動する力がなければ、機械に使われるだけの人間になってしまいます。

ですから言葉に出して、「リーダーになれよ」と繰り返していますし、子どもたちが少しでも人のせいにしていたら、厳しめに叱っています。「雨が降ってもパパのせい」の3歳の次男には全く効かないですけどね（笑）。

——子育ては時に理不尽で、大人が試される場面も多い。3歳のお子さんがごねた時には、どう返しているのですか。

重松　今のところは「鬼が来るぞ」が効きます。「そんなワガママ言っていると鬼が来るよ」と。すると次男は、「そんなこと言ってないもん！」と態度を変えます。かわいいですよね（笑）。父ちゃんに負けない気満々のガツガツ系なので、将来が楽しみです。

——重松さんがご両親から受けた教育で、特に印象的だったことは何でしょう。

重松　基本的には、自分が見付けた好きなことを応援してもらえたと思います。小さい頃から「勉強しなさい」と言われた記憶はないですし、進学や就職も、ずっと自分でやりたいことを選んで続けてきた感覚があります。おそらく、そう思えるように自然と仕向けてくれていたのだと思います。

勉強は、自分で考えて計画的にやる習慣が身について、「進研ゼミ」の教材を使った自習が基本で、塾も高校3年生の夏期講習と冬期講習くらいしか通いませんでした。

両親の方針で、自分でできる感覚が染み付いたことが、起業への挑戦にもつながったと思っています。

——だから、お子さんたちにも自分のやりたいことを自分で見付けてほしいのですね。とはいえ、「これをやってくれたらうれしいな」と期待してしまうこともありませんか。

重松　息子たちがラグビーをやってくれたらうれしいな、とちょっとは思いますが、最終的には自分で決めてもらいたいですね。

自分で決めるための選択肢をたくさん用意してあげるのが親の仕事。選択肢を増やせるスキルをたくさん伸ばしてあげること。スキルが幅広いとその分、選択肢も広がるので。

将来、どんな仕事が求められるのか

——お父さんとお母さんの仕事について、お子さんは理解していますか。また将来の職業選択について、どんなアドバイスをしたいですか。

7

メルカリで経済の仕組みを教えたい

重松　僕たちの仕事の内容を、長女は大体、理解しています。特に妻の方がしっかりと話をしています。「お母さんの仕事はベンチャーキャピタリストといって、世の中を変えたい人たちをサポートする仕事なんだよ」と。

僕の仕事についても、メディアに出た記事を見せたりしますし、僕の両親が千葉の房総にある家の一部をスペースマーケットで貸し出している様子から、仕事内容を理解しているようです。

子どもたちの将来の仕事については、そもそも未来にどんな仕事が主流になっているか、という話から考えないといけませんね。僕だって学生時代には、今のような仕事をしているなんて想像もしていませんでした。2000年入社の就職氷河期世代で、「何とか入った大企業で定年まで頑張るのかな」とぼんやり思っていたのに、全く違う生活をしています。

これからは、ますます世の中が効率化されて、労働しなくてもいい時代になると言われています。ベーシックインカムで最低限の生活が保障されて、単純労働はすべて機械に置き換わっていくはずです。

その中で生き残る産業は、人に楽しみや娯楽を与えるエンターテインメントなのかもしれません。こういったテーマは、家の中で延々と妻と話しているので、子どもたちも横で聞きながら、自然と何かを感じて参考にしていくのかなと思います。

「メルカリ」を使って経済の仕組みを教えたい

――キャリア教育を家庭で自然に受けられるのは、本当に恵まれた環境ですね。

重松　時間の許す限り、子どもたちにも分かるように説明し直すこともよくあります。「こういう困り事を抱えている人がいて、だからこういうビジネスが生まれていて、こんな解決法が生まれようとしているんだよ」と。子どもたちは「ふーん」という感じですが、すぐに分からなくても、こちらから伝えようとすることが大事だなと思っています。

実際の商売についても、できるだけ早い段階で経験させたいですね。例えば「メルカリ」で家の中の不用品を売ってみる。安く仕入れて、価格を決めて、売るためのコピーを工夫する。メルカリには商売の基本が詰まっています。一番シンプルで分かりやすい教育になると思います。

僕の商売の原体験は、高校時代の文化祭でした。浅草で安く仕入れたお祭りグッズを、口八丁手八丁で売ってみたら、結構稼げて、「これは面白いな」と。

大学に入ってからも、「じゃマール」という媒体を使ってものを売ってみたり、個人で家庭教師の依頼主を募集して、最大5件くらいかけ持ちしてみたり、まだ珍しかったインターネット上の個人間取引に挑戦してみたり。どんなバイトよりも面白くて、今のビジネスにつながったと思います。

——金銭教育にも積極的に取り組んでいくのでしょうか。

重松　ある年齢になったら100万円くらい渡して、運用に挑戦させたいですね。「お金を稼ぐ」とか「投資する」という行動の面白さに、早めに気付かせたいと思っています。

長女はすでにそういう感覚があるようで、学校の催しで自分のオリジナルバッジをつくって売っていました。「最後の3つですよ〜」となかなかの売り上手で、酔っ払ってご機嫌になったパパ友が100円で買っていました（笑）。

あと、わが家では毎週土曜日に、「ステージの日」という家庭内のイベントをやっています。

7

重松大輔

自宅のリビングに、ミラーボールのような照明を付けて、EXILEやE-girlsの曲をかけて、子どもたち3人が好きなように踊る（笑）。

調整役タイプの長男がプロデューサーのような役回りで、気難しい姉とやんちゃな弟をまとめて、3人ユニットで。長女はバレエを習っているのでキレッキレです。

ステージが始まる前には手づくりのチケットを手売りして、僕たちが100円とか200円で買うんです。たまに、祖父母宅や友人宅での出張ステージもやっています。

人を楽しませてお金をいただく興行には、ビジネスのすべてが詰まっていますし、実際に、起業家にはバンド経験者が多い。

映画『グレイテスト・ショーマン』の世界観もすごく好きですし、これからますますエンターテインメントは重要になると確信しています。

子どもたちは単純に楽しんでいるだけでしょうが、実は職業教育にもつながっている気がします。

子どもたちにも「チーム意識」を

——家族の結束が強そうですね。多忙なご夫婦が3人の子育てを円滑にするポイントを改めて整理すると、一つは冒頭にあった「外との連携」ですね。

重松　はい、アライアンス戦略ですね。いかに周りとシェアして、互いのメリットを最大化できるか。

もう一つは、子どもたちにも「チーム」としての意識を持たせられるかどうか。

僕たち夫婦はよく「チーム重松」という言葉を使っていて、子どもたちにも「チーム重松の一員として考えてみて」と言うんです。3歳児にも、「そんなワガママを言って、お前はチーム重松の一員じゃなかったのか」と（笑）。

家族全員がチームのメンバーであり、全員の力でチームをワークさせていこうという意識を子どもたちにも持ってもらうことが、家族としての一体感を生み出すし、日々の生活をうまく回していく基盤になっています。

7

重松大輔

――ご夫婦の間で、互いのキャリアと子育てについて、どうバランスを取っていくかという相談はしてきましたか。子育てに深く関わる時期には仕事をセーブせざるを得ず、結果的に夫婦のどちらかが（多くの場合は妻が）目標を諦めるという話はよく聞きます。

重松　その意味では、「できるだけ欲張りでありたいね」と妻と話してきました。

創業からしばらくは、僕の方が夜遅い帰宅が続きました。その時期は、妻だけに頼るのではなく、積極的に周りの力を借りるようにしました。手伝ってくださる妻の両親に甘えさせてもらい、お金で解決できるところはお金で解決してきました。

互いのスケジュールを数カ月先まで共有して仕事の波を調整し、できるだけ〝総取り〟していこうと考えています。

子育てをしながらどれだけ欲張りになれるか、という自分たちへの挑戦でもあると思っています。

――親世代との価値観の衝突が、家事・子育てのアウトソースやシェアに対する心理的ハードルになっている人は多いと思います。

重松　特に妻の両親がかなり協力してくれることに、申し訳ない気持ちもあります。ただ大人が総動員される生活もあと数年。そのときどきで最適な方法を探していきたいと思っています。

——経営者としても、社員の子育てを応援する体制づくりに力を入れているそうですね。

重松　ファミリーフレンドリーな環境にしていきたいと考えています。

僕の会社が入っているビルにはキッズルームがあって、何か事情がある時には、うちの子どもたちも連れて行っています。何食わぬ顔で、子どもたちが会社にいることもありますね(笑)。

子育て中の社員が、柔軟に対応できる環境を整えることが重要で、大企業と差別化できる人材戦略になっていくと思っています。

人材の多様性が企業の競争力になっていく傾向は、これからさらに強まるはずです。ですから、さらに多様な人材が活躍できる先進的な環境を目指したいですね。

——最後に、重松さんにとって子育てとは。

重松　「自分づくり」であり「世の中づくり」です。

子育てをしていると、無茶振りにいかに耐えるかということも含めて、自分自身の学びの機会になります。子どもを通じて自分自身の内面を見つめる時間も増えました。

7

重松大輔

事業につながる発想を得ているのはもちろん、子どもがいるかいないかで、ここぞという時の踏ん張りが違っただろうとも思います。

日々の子育てを通じて、「世の中のために本当に役立つサービスをつくりたい」という思いも強まりました。まだ世の中に生まれていないけれど、強いニーズのある分野はたくさんあると、肌で実感しています。

自分の子どもだけでなく、友達の子ども、社員の子ども、すべての子どもたちを応援できる会社でありたいし、少しでも明るい世の中づくりに貢献できる会社でありたいと思っています。

7

メルカリで経済の仕組みを教えたい

あなたにとって、子育てとは？

自分づくり
世の中づくり

重松大輔

8

妻や子どもとの
会話は、聞くに徹する
「10歳になった娘に
長期運用を教えたい」

中桐啓貴の場合

ガイア社長

なかぎり・ひろき

ガイア社長

1973年兵庫県生まれ。
1997年甲南大学経営学部卒業後、
山一證券に入社。メリルリンチ日本証券で
個人富裕層向け資産運用
コンサルティングに従事。
米ブランダイス経営大学院で
MBA（経営修士号）取得。
帰国後の2006年にFP法人ガイアを設立。
50～60代の退職準備世代を中心に、
これまでの相談者は1万人を超える。
独立系ファイナンシャルアドバイザー
（IFA）の先駆けとして活躍する。

家族構成（2018年7月時点）

妻（銀行勤務）
長女（10歳）　次女（7歳）　三女（4歳）

東京都在住

8

10歳になった娘に長期運用を教えたい

――一般家庭向けに資産運用コンサルティングを手がける会社を経営する中桐さんは、子煩悩パパでもあるそうですね。家族構成を教えてください。

中桐　同い年で日系の銀行で働いている妻と、3人の娘がいます。上から小学4年生、小学2年生、保育園の年中です。妻とは今年でちょうど結婚10年を迎え、先日はプロポーズをした記念のレストランに食事に行きました。

遊びたい盛りの娘が3人いますから、普段は夫婦でゆっくり話せる時間がありません。ですから毎年、年に一度の結婚記念日には、子どもたちを義理のお母さんに預かってもらって、落ち着いていろいろな話をしています。

――共働きということですが、普段はどのように子育ての分担をしているのでしょうか。

中桐　共働きではあるのですが、私の方は、どうしても平日の夜は会食などで遅くなることが多くなります。ですから平日、子どもたちが学校などから帰宅したあとの子育ては、義母の助けを借りながら、ほとんど妻に任せています。

妻の勤務先は福利厚生や子育てに関する制度がしっかり整っているので、時短制度を活用して、保育園の送迎も毎日やってくれています。

その分、週末は娘たちの習い事の送り迎えを、僕ができる時は積極的に担当して、少しは妻にゆっくりしてもらうという分担です。

――平日はなかなかお子さんと接することができないのでしょうか。

中桐　朝の時間を大切にしています。僕は6時50分くらいに家を出るのですが、5分や10分だけでも、しっかりと顔を合わせて娘たちの話を聞くようにしています。

そして僕が出かける時には、必ず娘3人が支度の手を止めて、玄関に集まって並び、順番に「チュッ」とするのが毎朝恒例の習慣です。

一番上の娘はもう小4ですから、あと1年くらいかと思うと少し寂しくなりますね。

――娘さんたちもパパが大好きなんですね。

中桐　そうなったのは妻のおかげです。僕がいる時もいない時も、娘たちの前で僕のことを悪く言わないでいてくれたからだろうと思います。やはり、母親が父親についてどうコメントするかによって、子どもたちと父親の関係は大きく変わるんじゃないでしょうか。

平　日

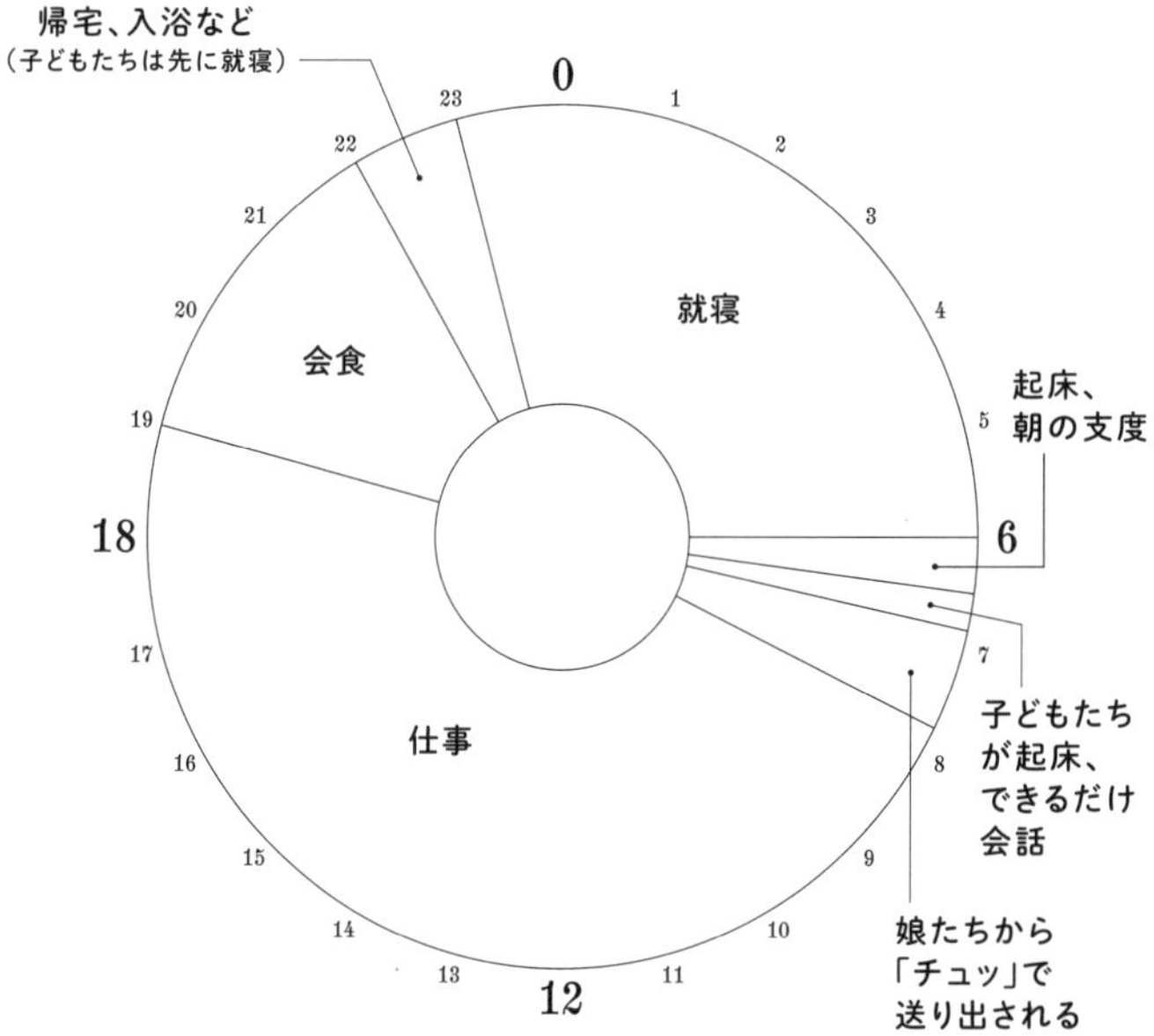

6:00	起床、朝の支度	19:00	会食
6:30	子どもたちが起床、	22:00	帰宅、入浴など
	できるだけ会話		（子どもたちは先に就寝）
6:50	娘たちから「チュッ」で	23:00	就寝
	送り出される		
7:50	出勤		
	仕事		

8

休　日

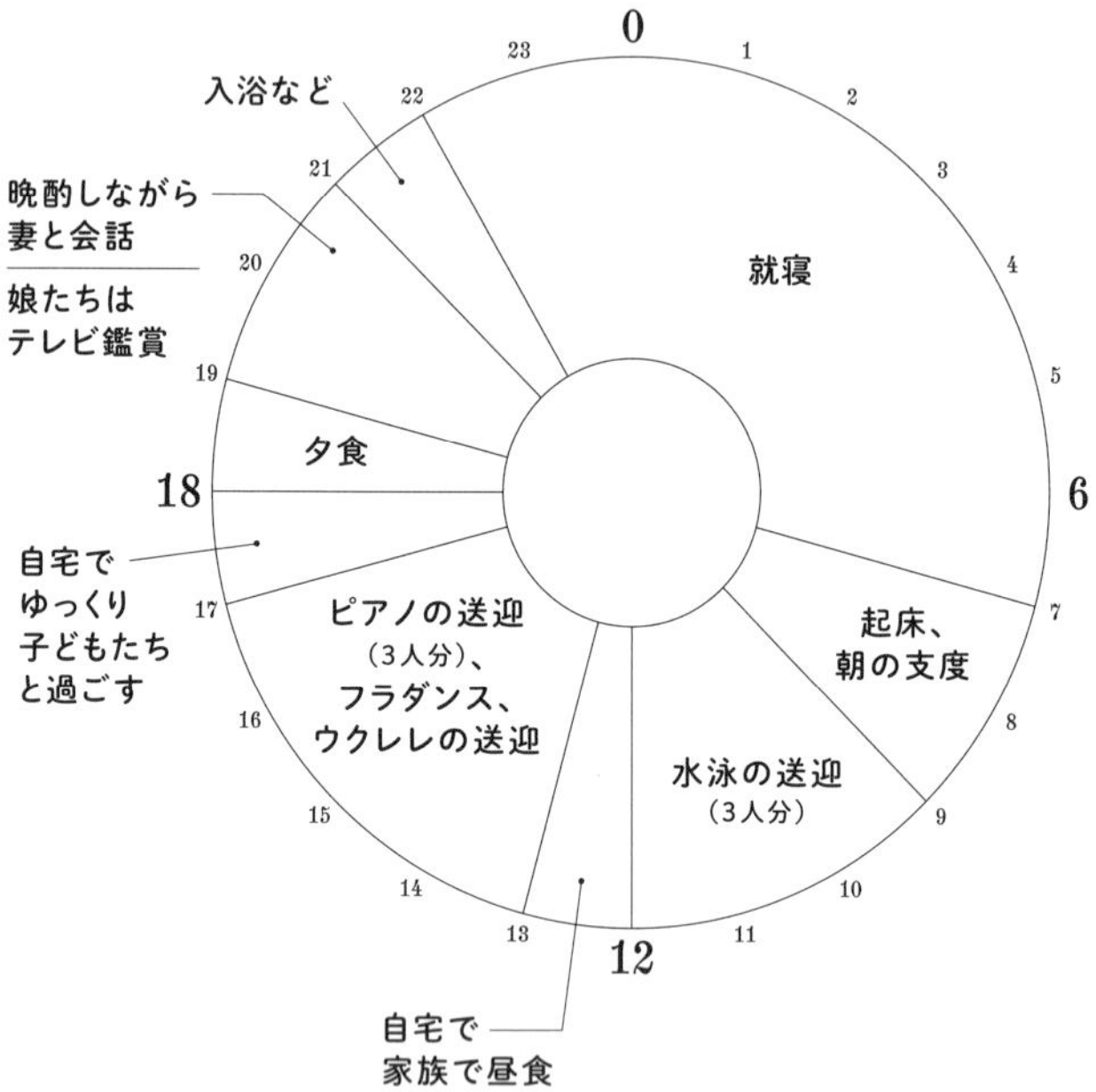

7:00	起床、朝の支度	18:00	夕食
9:00	水泳の送迎（3人分）	19:00	晩酌しながら妻と会話
12:00	自宅で家族で昼食		娘たちはテレビ鑑賞
13:00	ピアノの送迎（3人分）、	21:00	入浴など
	フラダンス、ウクレレの送迎	22:00	就寝
17:00	自宅でゆっくり子どもたちと		
	過ごす		

妻の言葉を深掘りして「聞く」

――妻と娘が結託して父親を批判するとなると、父親は居心地が悪くなって、家庭に関わりづらくなりますよね。

中桐　夫婦の会話では、妻の話をよく聞くことに徹し、反論したり意見したりすることは一切しないようにしています。夫婦の信頼関係を安定させて、子どもたちが安心できる居場所にすることが一番大切なことだと思っています。

平日は遅いのでなかなか時間が取れないのですが、土曜日の夕食後は、2人でゆっくりと話す時間をつくっています。子どもたちもそれを分かっているのか、こちらに声をかけずに、子どもたち同士で仲良く遊んでいます。

――反論や意見をせず、「聞く」に徹するとは。

中桐　妻が発した言葉を、ひたすら深掘りしています。特に便利な受け答えワードは、「とおっしゃいますと？」（笑）。例えば、妻から「今日こんなことあってさ。イライラし

8

中桐啓貴

ちゃったんだよね」と言われた時、夫が「そんなこともあるよ」と軽く流して終わりにしたり、「上司に相談すべきだよ」と正論で助言したりすることで、なぜか妻のストレスを倍増させてしまう、ということはよくあるのではないでしょうか。

妻からすると、解決法を知りたいのではなくて、今抱えている思いをじっくりと聞いてほしいはずです。だから、聞くに徹する。相手の言葉を聞き返したり、相槌《あいづち》を打ったりしながら、思いの丈を好きなだけ話してもらう。するとスッキリとした表情に変わってくる。負の空気が一掃されて、家庭円満につながります。

おかげで、子どもの前で夫婦げんかをしたことは、過去に5回もないと思います。

――そのスキルはどうやって磨いたのでしょうか。

中桐　今の仕事ですね。資産運用の相談を受ける時、一番大切にしてきたことが、相談相手であるお客さまの「こんなことをしてみたい」「将来はこういう夢をかなえたい」という願いを掘り起こし、それを実現するための計画を提案することです。

この「ニードセールス」の精度を高めるために、社員には半年以上かけてトレーニングをしています。その中で自然と対話の技術への意識が高まってきたのだと思います。

子育てQ&A

Q.	A.
教育プランは？	公立小学校に通っている。 いい学校が見つかれば中学受験をする。 高校以降に留学を経験させたい。
習い事は？	メーンはフラダンス。 水泳、ピアノも。 長女はウクレレも習っている。
お小遣いは？	それぞれ月初に決まった金額を与えて、 自分の財布で管理させている。
スマホやゲーム などのデジタル デバイスは？	連絡用に子ども用の携帯電話を 持たせている程度。
子どもが よろこぶ 得意料理は？	ミルフィーユトンカツとハンバーグ。
子育てを円滑に するための 工夫は？	夫婦の会話を大切にし、 互いにリスペクトする。平日は妻、 休日は夫と分担のバランスを取る。

父親の場合、娘との関係は思春期以降、難しくなると言われています。けれど、「深掘りして聞く」というコミュニケーションの体験が積み重なっていたら、根底の信頼関係は築けるんじゃないかと思っています。

例えば「これを習ってみたい」と言われた時、すぐに「いいよ」とか「ダメ」で終わらせるのではなく、「なぜそう思ったの」と言えるかどうか。この質問で子どもの気持ちを表出させて、理解に近付くことはできる。これからは娘たちの会話にも「ニードセールス」の技術を生かしたいなと思っているところです。

8

中桐啓貴

フラダンスで養う「自然な笑顔」

――事業で大事にしているスキルと、家庭運営で大事なスキルが一致しているのですね。休日は習い事の送迎を手伝うとのことですが、お子さんはどんな習い事をしていますか。

中桐　娘たち3人がみんな習っていて大好きなのが、フラダンスです。たまたま家族そろってハワイが好きなのですが、直接のきっかけは近所のお祭りでフラダンスのステージを観たことです。近所にあるフラスタジオで踊りを観て、「習いに行きたい！」と。長女はもう5年ほど続けているので、だいぶ上手になりましたね。ウクレレも習い始めました。ほかに、水泳やピアノも習っています。3人それぞれクラスの時間帯が違うので、土曜日はピストン送迎で日中が過ぎていきます。中でもフラダンスは、3人ともよく頑張って、イベントステージにも年何回か出演しています。

――「小さい頃に何を習わせるか」には親の教育方針が表れると思います。フラダンスが良いと思う理由はありますか。

中桐　習わせて良かったと思うのは、「笑顔で！」と繰り返し指導されることです。フラダンスそのものが、温かい笑顔で踊りますから、習っているうちに自然と笑顔が身についていきます。

この自然な笑顔が、社会に出た時に重要だと思っています。特に人に接する仕事では、笑顔を絶やさないことが必須条件。当社の採用基準でも重視しているポイントです。これから、AI（人工知能）との置き換えで単純労働が淘汰されていく時代には、ますます人間にしかできないコミュニケーション能力の価値が高まるはず。

スキル面の専門性は大人になってからでも勉強すれば身につきます。けれど、自然な笑顔だけは小さい頃からの積み重ねがないと体得できない。そう思っていたので、ピッタリの習い事を見付けられたと思いますね。
フラダンスのスタジオには中学生の生徒もいて、普段の生活にはない上下関係も学べているようです。フラダンスの先生がピリッと厳しめなタイプで、これがまたいいんです。

――親とはまた違ったタイプの指導者と関係を築く機会になっている、と。

中桐　はい。会社での社員の育成もそうですが、内部の教育だけでは限界があります。会社のやり方を社内でしっかり教育するのに加えて、ときどき、外部の講師を招いて研修の機会をつくった方が、新鮮な学びや刺激を受けて、成長サイクルが早まることはよくあります。
子育ても全く同じだと思います。親にしかできない役割が何かを見据えながら、上手に外の力も借りていきたいですね。

8
中桐啓貴

子どもにも長期運用のメリットを教えたい

――家庭内の教育でやはり気になるのは、金融のプロである中桐さんが、わが子にどんなお金の

教育をしているのかということです。

中桐　事業で実践していることそのものですが、長期分散投資のメリットは、社会に出る前から体験させていきたいと思っています。銀行口座は3人それぞれに持たせていますが、小学4年生の長女には、今年から証券口座を開かせて、投資信託を始めさせたいと思っています。

日本では投資というと、「個別株を売買して、目先の配当や優待に気を取られて……」という短期的な投資のイメージが根強い。

けれどアメリカでは、将来にわたって自分の資産を殖やす手立てとして、投資信託を数十年単位でじっくり運用して、資産を形成するのが当たり前です。

アメリカのキャピタルグループの運用例で、約１００万円が40年間で約４０００万円になった例があるとセミナーで話すと、驚く人が多いんです。

昔は、日本は預けていれば安心だったかもしれませんが、今では社会保障も国任せにできない時代ですし、娘たちが成人する頃にはますますシビアな問題になっているはずです。だからこそ、「時間を味方に付けてコツコツと」という投資スタイルを覚えさせたいですね。

例えば長女は、10歳になる今年から投資信託の運用を始めて、５年後の高校1年生になった時に、「ほら、こんなに殖えたよね。10歳の時に始めたんだったよね」と、実際の数字を見せることができたら、金融の仕組みも自然と伝えやすいはずです。

――下のお子さんたちに、今から教えていることはありますか。

中桐　投資信託デビューはまだ先でいいかもしれませんが、「キッザニア」は大好きでときどき行っています。

興味のある職業体験をして、働いた分だけ施設内流通通貨「キッゾ」がもらえて、銀行に預けると利息が付く。大まかなお金の流れの仕組みを体験できるのはいいですね。

――お小遣いはいかがですか。

中桐　長女には1000円、次女には500円を月初に渡して、その中で好きなものを買うようにさせています。「ディズニーランドに行ったら楽しくて使いすぎて、お金がなくなった」といった失敗も含めて、小さい頃から金銭感覚を身につけさせたいですね。

――子育てを通じて、お子さんに与えたいと思うものは。

中桐　いろんなものに触れる経験です。遊びや習い事、旅行や芸術に触れる時間を通じて、豊かな感性を磨けたらいいと思っています。劇団四季のミュージカル公演などにもよく連れて行っています。『ライオンキング』が子どもたちには好評でした。

上の子2人を一緒に連れて行けば、妻はゆっくりと下の子を見られます。ミュージカル鑑賞は、僕が子どもの頃に親に連れて行ってもらっていたので、無理なく親しめます。

僕は父親の仕事の関係で、海外で暮らした経験が何回かあります。その時に現地の劇場に連れて行ってもらって楽しかった記憶がある。やはり、小さい頃によく触れたものは、大人になってもずっと親しめるのでしょうね。

海外経験は、まずサマースクールから

――ご自身に海外経験があると、お子さんのグローバル教育にも意識が向きますか。

中桐　僕は小4から小6までドイツで、中1から中2までイタリアで暮らして、大学時代にも1年間イギリスに留学しています。証券会社に勤めた後、退職して30歳でアメリカにも留学しました。海外経験は視野が広がりますから、娘たちにも機会を与えたいですね。

これまでも、海外旅行には結構連れて行きました。乳幼児連れの長時間フライトを負担に感じる人は多いと思うのですが、僕も妻も全く負担に感じず、娘たちも嫌がらないんです。最近の定番はハワイですが、オーストラリアやロサンゼルス、フロリダにも行きました。フロリダの場合、ニューヨークからさらに乗り継ぎです（笑）。創業当時、まだ社員も少なかった頃には、出張も兼ねて家族を連れて行くこともありましたね。

今後は、まずサマースクールのような短期プログラムを体験させて、子どもたちが楽しめたようなら次のステップへと段階を踏めるといいなと思います。

ただし、海外の言語や文化を吸収するのは、日本語をしっかりと固めたあとの方がいいと考えているので、本格的な留学は高校以降にと考えています。これは私が懇意にしている教育コンサルタントの代表の方がおっしゃっていて、納得しました。

――今、お子さんが通う小学校は公立ですか、私立ですか。また受験の予定はありますか。

中桐　公立小学校です。中学受験は、本人がやる気になればと思っています。

長女は小学4年生になって、周りの友達が塾に行きだして、ちょっと興味を持ち始めたようです。いろんな私立中学校のパンフレットを見たりしています。

――受験するとしたら、学校選びの基準は。

中桐　明確には決めてはいませんが、企業経営と同じで、学校もブレないビジョンのあるところがいいだろうと思う時はあります。そういう意味で、カトリック系や仏教系など、何らかの宗教のバックボーンがある学校は理念の軸が通っていそうだという印象です。

――お子さんは全員女の子ですが、3人それぞれ性格は違いますか。

中桐　違いますね。長女は、何も言わなくても宿題をやる真面目でストイックなタイプ。次女は逆で、全く宿題をせずに三女と一緒になって遊んじゃう。

子育てと社員の育成は同じ

――そんな時は、どうやって宿題に向かわせるのですか。

中桐　うーん……、やはり「気付きを与える」でしょうか（笑）。

子育てと社員育成は共通点が多いと思います。いくら「これをすぐにやりなさい」と上から言っても、本人が重要性に気付いていなければ持続しません。本人がその気になるまで忍耐強く待つこと、そして気付きに早く出合える環境を用意することが不可欠です。
次女はつい先日、長女に付いて大手進学塾の共通模試に行き、一緒にテストを受けて、少しスイッチが入ったようです。初めて大きな会場で一斉にテストを受ける経験をしたことで火が付いたらしく、家に帰っていきなり勉強を始めていました。
何がきっかけになるか分からないから、自然な導きを心がけたいなと思います。

――「本人の気付きがなければ成長しない」という言葉は、会社経営を経験したからこそですね。

中桐　自分で会社を興した経営者は、きっとみんなそうだと思いますが、基本的に何でも自分でやるのが好きなんです。目標設定や必要な課題を乗り越えていく力が比較的、高いはずです。
すると、人に任せるのが苦手だったり、「何でこんな簡単なこともやろうとしないのか」といらだったりしてしまう。僕もつい先回りして、自分でやってしまうことが多かった。するとある時、「こういう新しい試みを始めてみたいと思う」と社員に提案すると、「中桐さんがいいと思うなら、いいんじゃないですか」といった反応が返ってきたことがありました。部下に任せるマネジメントを怠った結果、メンバーが自分で考えない組織になっているという危機感が襲ってきました。

そこからは、「ヘルプはもうやめて、サポートだけに徹しよう」と決めて、「期待して待つ」マネジメントを自分に課しました。

手を出したくなるのをぐっと堪えるのは、とてもチャレンジングなことです。一番ベテランの社員が、家庭の事情で地元の大阪に帰ることになった時、思い切ってガイアの支店を立ち上げて任せることにしました。非常にうまく回してくれていて、頼もしいですよ。

親や上司の顔色をうかがわず、「こんなふうに成長したい」という意思を伸ばせるコミュニケーションを、家庭でも会社でも心がけようと思っています。

偉人の伝記から学んだ、折れない心

――中桐さんがご両親から受けてきた教えで印象的なことはありますか。

中桐　一つは海外経験を通じた視野の広がり。もう一つは、特に父親の背中から「いくつになっても挑戦をやめない姿勢」を教わったと思っています。

父はもともと理系でエンジニアとして働いていたのですが、英語を猛勉強して海外赴任のチャンスをつかみ、40歳を過ぎてからキャリアを広げていきました。その姿を見ていたことは、僕が留学や起業に抵抗なくチャレンジできたことと無関係ではありません。

――お子さんたちに伝えたい職業観はありますか。中桐さんは新卒で入社した山一證券が、その年に倒産するという経験もされています。

中桐　確かに振り返ってみると、大学時代に阪神・淡路大震災に遭い、社会に出たら会社が潰れてと、想定外な出来事は人より多かったかもしれません。

ただ、僕の受け取め方は決してネガティブではありません。挫折や喪失、失敗といった経験から学べることや、だからこそ成長できることがあると信じていました。だからいつも淡々と前向きでいられました。

こうした価値観を持てたのも両親のおかげで、小さい頃から偉人の伝記をかなり読まされてきましたし、また読むのが好きでした。伝記になるような偉人には皆、病気や貧困、戦争といった悲惨な経験がある。順風満帆に偉人になる人はいないと感じていたので、予期せぬことが自分の身に起きた時にも、「これはきっとプラスにつながる」と信じられました。娘たちにも伝記を読んでもらいたいので、たくさん本棚に並べています。

人を幸せにしたら、それだけ自分も幸せになる

――「お金と幸せの関係」についてはどのように教えていますか。

中桐　「お金を稼ぐほど幸せになる」という方程式は成り立たないということが、この仕事を通して抱いた実感です。収入と幸福度は年収900万円程度までは相関するけれど、一定の収入を超えると比例しなくなるという統計結果もあります（ノーベル経済学賞を受賞した米心理学者、ダニエル・カーネマン氏の研究）。

最終的に人が一番よろこびを感じるのは、人の役に立ってよろこんでもらえた時だと思います。

人を幸せにしたら、それだけ自分も幸せになる。その結果として、お金が殖えていく。ガイアでも、単に「お金を殖やしたい」というお客さまのご依頼はお断りしていて、あくまで「こういう夢をかなえたい。そのための資産をつくりたい」という希望の伴走をしようという考えがあります。よろこびの価値の結果として、お金をいただきたいからです。

私自身、外資系金融機関に勤めていた頃は、それなりに稼いでいたけれど、幸せを感じられませんでした。

お金は結果、あるいは手段であるはずなのに、いつの間にか稼ぐことが目的になっていた。空虚な達成感にとらわれる自分から抜け出したくて、30歳で留学して、起業の道に進みました。

お金が自分にとってどんな価値をもたらすのか。じっくり考える機会になる経験を、娘たちもできるだけ早い時期にできるといいですね。

――中桐さんにとって、子育てとは。

中桐　「成長の鏡」です。子どもの誕生日を迎えるたびに、「この1年でこんなに成長したのか」と驚きます。同時に「この1年で自分は成長できたのか。会社はどうだったか」と自分自身を見つめるきっかけを与えてくれます。

大人になると身長も伸びませんし、今日の延長として明日を考えがちです。けれど、本当は気持ち次第で成長のきっかけがつくれる。そのことを思い出させてくれる存在が、3人の娘たちです。

8

10歳になった娘に長期運用を教えたい

あなたにとって、子育てとは？

成長の鏡

中桐啓貴

9

休日の銭湯通いで世の中を教える「1カ月の育休で権限委譲を学んだ」

小沼大地の場合

NPO法人クロスフィールズ代表理事

こぬま・だいち

NPO法人クロスフィールズ代表理事

1982年埼玉県生まれ。
2008年一橋大学大学院社会学研究科修了。
在学中の2005年から
青年海外協力隊に参加し、
中東のシリアにて環境教育
プロジェクトに従事。2008年
マッキンゼー・アンド・カンパニーに入社。
2011年NPO法人クロスフィールズを創業。
ビジネスパーソンが一定期間、新興国で
社会課題の解決を行う、「留職」を展開。
国際協力NGOセンター、新公益連盟理事。

家族構成（2018年7月時点）

妻（ランサーズ執行役員CFO）
長女（4歳）　長男（1歳）

東京都在住

――小沼さんは、企業に勤めるビジネスパーソンが新興国で社会課題の解決に取り組む団体に数カ月間参画し、自らのスキルを生かして貢献する「留職」プログラムを展開しています。その小沼さんが、お子さんを連れていろいろな場に出没していると聞きました。

小沼　確かに先日も、入山章栄先生（第1章に登場）のサプライズお祝い会に、子連れで参加しました。その日は土曜日でしたが、たまたま妻が仕事で、僕のワンオペ子育ての日だったので、やむを得ず。皆さん温かく迎えてくれて、子どもたちも楽しんでいました。

――奥さまも働いているのですね。

小沼　大学のラクロス部で一緒だった同い年の妻と26歳で結婚しました。31歳で第一子、3年後に第二子に恵まれました。僕は大学院に進み、その後、青年海外協力隊に参加する道を選びましたが、妻は大学卒業後、外資系投資銀行に就職。これまで僕の年収が妻を上回ったことはありませんし、助けてもらっていた期間の方が圧倒的に長い。一生、頭が上がりません（笑）。

ただ夫婦としては、「互いの世界から得た学びを交換して、ともに成長できるよう、応援し合える夫婦でありたい」と、結婚当初から約束し合っています。

9

小沼大地

象徴的なエピソードを一つ。僕が青年海外協力隊の活動でシリアにいた時、上司だったのが、(独コンサルティング会社)ローランド・ベルガーから出向していた方でした。僕は当時、ビジネスのことを全く知らなかったけれど、「コンサルティング会社という業種があるのか」と興味を持ち、妻に「ローランド・ベルガーって知っている?」とメールをしました。

するとすぐに「もちろん知っているけど、あなた知らなかったの」と返事が来ました。「ビジネスのことをもっと勉強したくなった」と話したら、直後に日本からビジネス書が大量に送られてきました(笑)。その延長で、マッキンゼーに入社することになりました。

逆のケースもあって、妻は新卒で入った大企業でずっとキャリアを積むつもりだったようです。けれど、僕がベンチャー経営者と交流する機会が増えて、「財務経験を生かすなら、ベンチャーのCFO(最高財務責任者)も面白そうだよ」と話したことから選択肢が広がって、ランサーズという会社に転職を決めました。

第二子が保育園に入ったタイミングで、僕の事業もある程度安定してきたので、今度は妻の方がリスクを伴う挑戦をしようと。妻とは、「家庭内リスクポートフォリオ」と呼んでいます(笑)。これからもきっと、そんな関係が続くのだと思います。

平　日

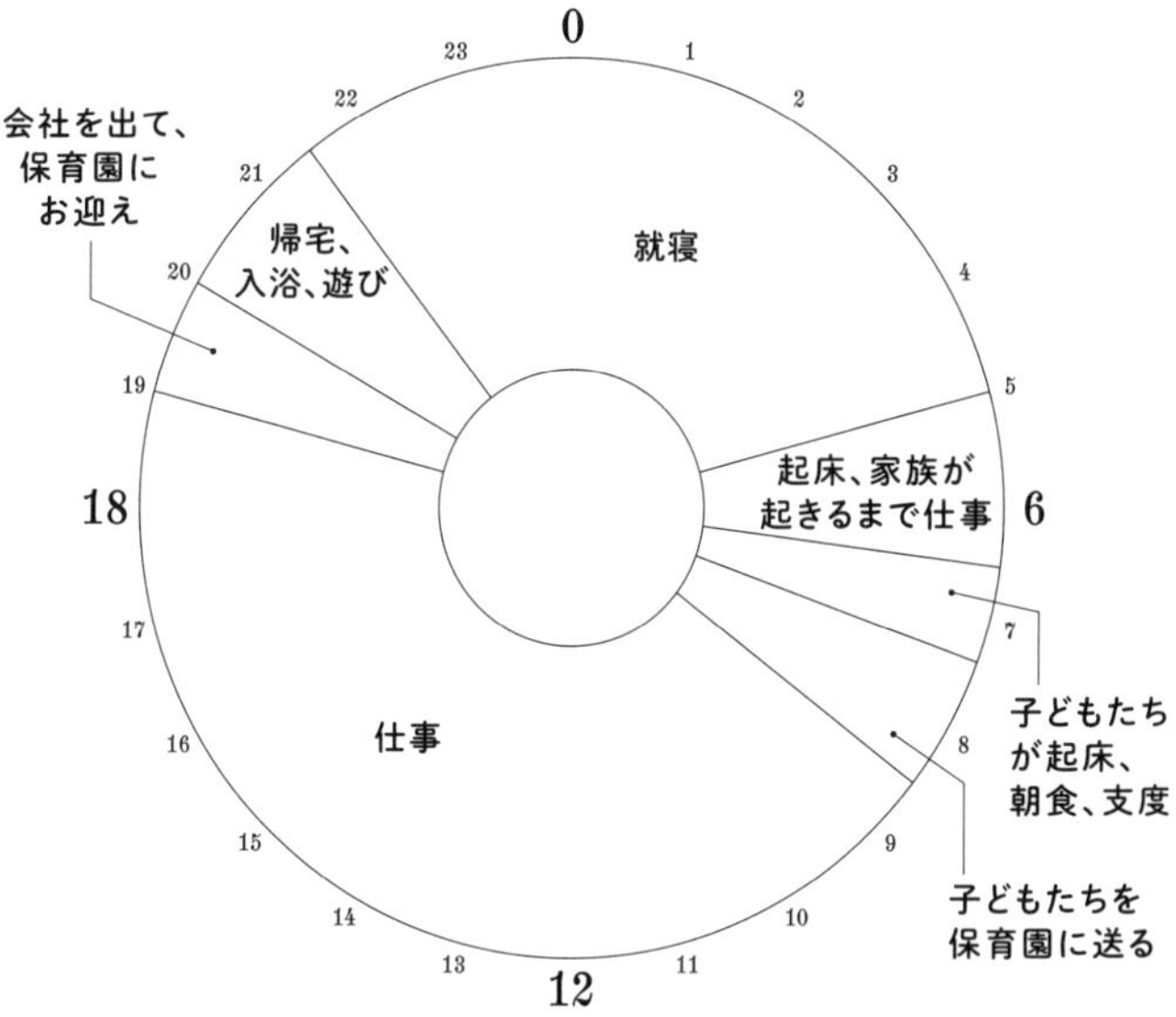

5:00	起床、家族が起きるまで仕事	19:00	会社を出て、保育園にお迎え
6:30	子どもたちが起床、朝食、支度	20:00	帰宅、入浴、遊び
7:30	子どもたちを保育園に送る	21:30	就寝
8:30	出勤		
	仕事		

休　日

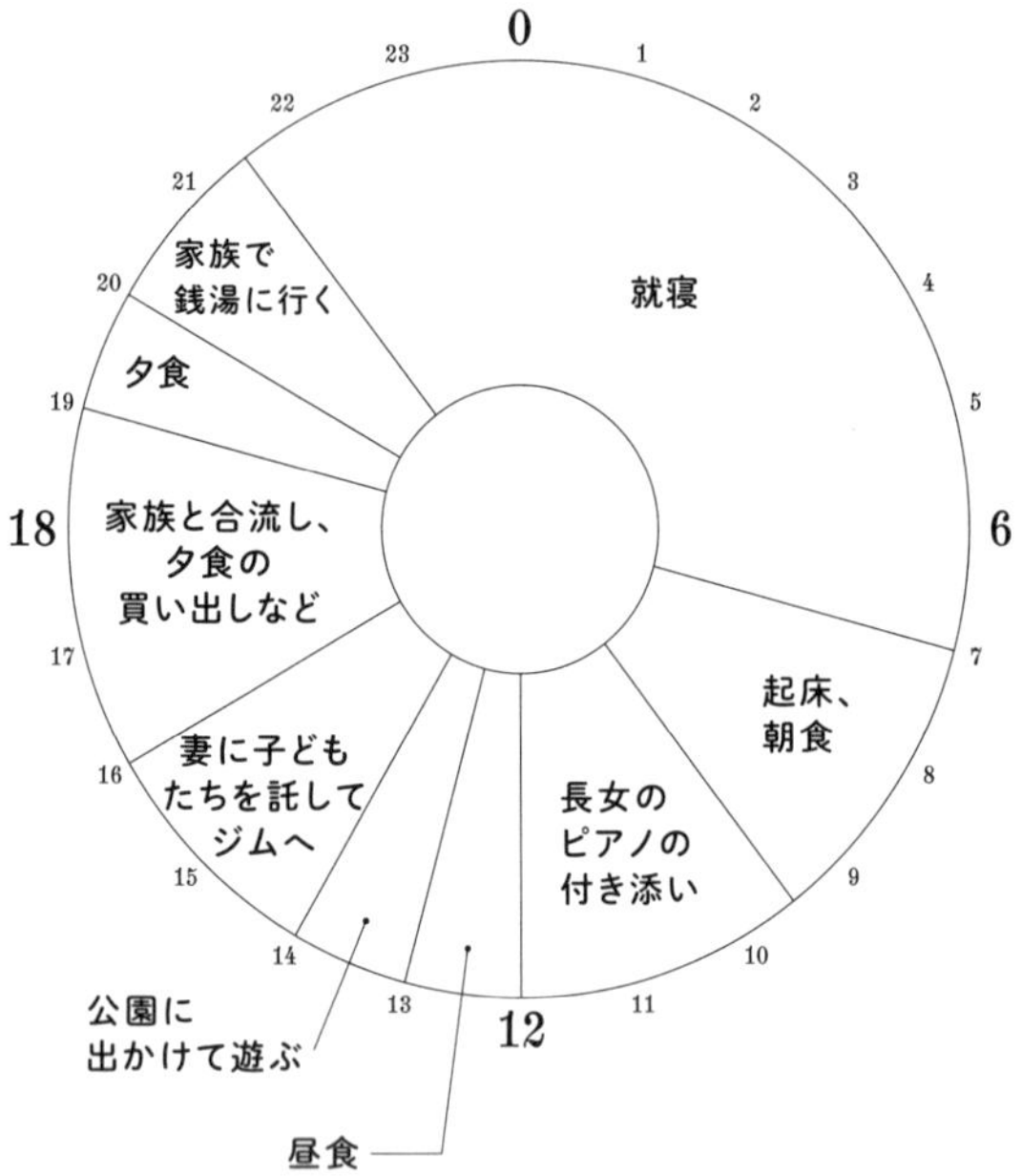

7:00	起床、朝食	16:00	家族と合流し、
9:30	長女のピアノの付き添い		夕食の買い出しなど
12:00	昼食	19:00	夕食
13:00	公園に出かけて遊ぶ	20:00	家族で銭湯に行く
14:00	妻に子どもたちを託してジムへ	21:30	帰宅、就寝

彼女がいなければ、僕は間違いなく今のキャリアを築けていません。ですから、5年前に1人目が産まれると分かった時には、ぜひ育児休業を取って妻をサポートしたいと思いました。けれど、創業2年目のバタバタの渦中でかなわなかった。悔しかったですね。

1カ月の育休取得から見えた新しい働き方

――育休を取ろうと思ったきっかけは何だったのでしょう。

小沼　当時、尊敬する社会起業家のロールモデルとして、（病児保育事業を手がける）認定NPO法人フローレンス代表の駒崎弘樹さんから学ぶことが多くて、彼が「俺も育休取るよ。取った方がいいよ」と話すのを聞いたことが大きかったです。

けれど、当時は事業を軌道に乗せるのに必死で、育休を取れるような状態に到達できなかった。自分が歯がゆくて、第二子の時には絶対に育休を取得すると決意しました。

それをベンチマークに、「3年以内に組織を安定させよう」という意識が高まりました。そして、妻にも「2人目が産まれた時には絶対に育休を取るし、これまで以上に子育てに関わる」とプレゼンして、家庭内稟議《りんぎ》を通しました。

9

小沼大地

――そして、実際に育休を取ったのが2016年8月。その頃には社員数が約15人に増えていたそうですが、育休で職場を1カ月間空けることに不安はなかったのですか。

小沼　経営陣には半年前から育休を取ると伝えていて、試行・検討する期間を設けていました。最終的に「大丈夫だろう」ということで、あと押しをしてもらえました。

経営者が一定期間職場を離れるには、権限委譲を進めることが必須条件です。そこで、僕はあえて100%ではない育休スタイルにして、委譲が難しい部分は、引き続き自分が担うことにしました。子どもが寝たあとなどのちょっとした時間にメールを見て、重要な案件だけ対応したり、カギとなるミーティングだけリモートで参加したり。特にトラブルについては引き続き自分で対応しました。一度も出社しませんでしたが、今の15%くらいの時間は、毎日仕事をしていました。これが、すごく良かったんです。

経営者の仕事をいきなりゼロにするのは相当難しい。でも、「やっぱり無理」と諦めず、「少しは仕事をしてもいい」という緩やかなルールにしたことが正確でした。

「せっかくの育休なんだから、完全に仕事から離れた方がいいよ」という助言もありましたが、むしろ子育てをしながら仕事をする生活リズムをつくった方が、育休復帰後も子育

子育てQ&A

Q.	A.
教育プランは？	公立小学校に通わせる予定。教育環境が良いと評判の地域を選んで転居した。
習い事は？	ピアノ、水泳、自然体験教室。
お小遣いは？	まだ与えていません。
スマホやゲームなどのデジタルデバイスは？	親のスマホはよく触っているが、厳しく制限はしていない。
子どもがよろこぶ得意料理は？	広島風お好み焼き。
子育てを円滑にするための工夫は？	週2回、父のサポートあり。夫婦だけで無理して頑張らない。いろんな場に連れて行き、人に慣れさせる。

てに関わる生活を持続しやすくなるし、メリットも大きいと思います。
実際、僕は育休中に「短時間の仕事でも濃い成果を出すスキル」が身につきました。

「名もなき家事」の存在に気付いた

9

小沼大地

――1カ月間の育休取得は、仕事や家庭にどのような影響を与えましたか。

小沼　家庭面で言うと、子どもと正面から向き合える時間を集中的に持てたことは、人生の幸福度を格段に高めました。育休中の僕の役割は、誕生した長男を妻が集中してケアできるよう、上の長女に寄り添うことでした。3歳になっておしゃべりもできるようになった娘とたくさんデートするという、最高の時間でした。

この時、僕が自分に課していたのは、中途半端に関わるのではなく、本気で子育てに集中すること。それまでは子どもと遊びながらも、ときどきスマホを見てしまうことがありました。けれど、この期間は集中して子育てに徹底的に向き合いました。

「この1カ月間の僕のミッション」を書き出して妻にプレゼンしたんです。例えば、「娘にとって最適な習い事を見つける」「風呂場の換気扇を修理する」といった細かいことです。これは、今もときどきやっています。「今週末に僕が達成するミッション」といったように。

何事も、一度真剣にやって「ここまでできる」という最高値を経験すれば、その後も「あの時と同じくらいできているか」と自分をチェックできるようになります。普段の子育てでも、「育休中の自分と比べてどれくらいか」と照らし合わせる基準ができました。

――仕事面にもプラスの影響はありましたか。

小沼　権限委譲の何たるかを感覚として学べました。育休中は、事業の実務をメンバーに託す一方で、育休中は家庭の家事全般を妻から委譲されました。共働きですから、それまでも家事は分担していたつもりでした。けれど、台所の細かい掃除や洗剤の詰め替えといった、いわゆる「名もなき家事」も含めたオールラウンダーにはなりきれていなかった。

妻は「任せると言ったからには任せる」と、家事の全権を僕に委譲しました。ここで初めて、無意識に妻に任せていたブラックボックスがたくさんあると気付いたのです。「権限を委譲される側」に立つことで、「どういうふうに指示を出されたらやる気になって、行動しやすいのか」という学びを得られたのは大きかったですね。

僕は、「帽子の付け替え」と言っていますが、普段と違う役割に挑戦すれば、視界がぐんと広がって互いの立場の理解も深まる。子育ては大きな成長機会だと思います。

──その経験は、育休復帰後のマネジメントに生かされましたか。

小沼　大いに生かされました。経営者という立場を離れて、父親という帽子を被ったことで、見える世界が広がりました。家事をひと通り全部やってみる経験は自信にもつながりました。それまで、家事におけるボスは妻だと思っていましたが、今はダブルフリーランス制で、それぞれのやり方で、全体を達成できる体制にステップアップできた。どちらかが病気になった時や将来介護が必要になった時も、慌てないでいられる気がします。

夫婦の子育てを支える父の存在

──現在の子育ての関わり方はいかがですか。典型的な1日の流れを教えてください。

小沼　例えば今日ですと、朝5時に起きて、家族が起きる前に少し仕事をして、6時半頃から、子どもと朝ご飯。7時半くらいに家を出て、子どもたちを保育園に送り、そのまま自転車でオフィスに出勤します。

8時半から仕事で打ち合わせや会議を続けて、夜19時頃にはオフィスを出て、保育園にお迎えに行きます。今日は僕が当番なので。子どもたちは保育園で夕食を食べさせてもらっているので、帰ったらお風呂に入れて、カルタやプラレールで少し遊んで、夜21時くらいに就寝。その後、僕は仕事の続きをすることもあるという感じです。


――切れ目がないですね。保育園の送迎は夫婦でどのように分担していますか。


小沼　僕と妻と、実はもう一人、重要な助っ人がいます。僕の父です。横浜在住ですが、クルマで30分かけて、週2日、サポートに来てもらっています。

ゼネコン勤務だった父は、僕が子どもの頃は家庭に時間を割くタイプではありませんでした。けれど、思うところがあったのか、早期退職をして、親の介護と孫の世話に自分の時間を捧げる生き方に変えたんです。本当に助かっていて、僕と妻は心の底から感謝しています。

実際の分担ペースは、保育園の送り担当は僕と妻とで分担していますが、迎えは父が週2回、残り3回を僕と妻が調整します。3人でチーム戦をしながら子育てしている感じですが、その関係性に僕は家族のつながりや幸せを感じています。自分も将来、同じことを子どもたちにしてあげようと思うと、プレッシャーでもありますが（笑）。

9

小沼大地

――休日の過ごし方はいかがですか。

小沼　夫婦とも自宅にいる日曜日は、7時頃に起きて朝ご飯を食べて、午前中は習い事へ行きます。娘がピアノを習っているので、僕が連れて行って、その間、妻はジムに出かけます。

レッスンが終わったら、ジムから帰ってきた妻と合流して、家で子どもたちと昼食を食べて、近所の公園に出かけます。午後14時頃にバトンタッチをして、今度は僕がジムへ行きます。2時間後くらいにまた合流して、スーパーで買い物をした後、早めに夕食を取って、みんなで銭湯に行くのが恒例です。

いい銭湯があるということで、近くに引っ越したくらい好きなんです。

休日の銭湯通いで、世の中を教える

――銭湯とは懐かしいですね。お子さんを銭湯に連れて行く目的は。

小沼　地域に暮らすいろんな人と自然と交われることです。僕たち大人も、普段、交流する人は限られているし、世の中にはいろんな年齢層や職業の人たちが暮らしている。そういう実態は、どうしても見えにくくなっています。

けれど銭湯に行けば、おじいちゃんやおばあちゃん、子どもたちと触れ合える。そういう時間を意識的に持つことが大事だと思って、銭湯通いを楽しんでいます。

子どもたちを普段からいろんな場に連れて行って、人に慣れさせたいと思っているので、積極的に自分たちの予定に子どもたちを巻き込んでいます。オフィスにもよく来ていますね。

――お子さんに積極的に身につけさせたい力、触れさせたい体験は。

小沼　社会の中で失われつつあるけれど、大事なものには積極的に触れさせたいですね。先ほどの銭湯での幅広い世代との交流もそうですし、自然に触れる体験も。

神奈川県の逗子を拠点に、焚き火や森の中の秘密基地づくりといった自然体験ができる「原っぱ大学」という教室があるのですが、長女が3歳の頃からここに通わせています。

ここの〝ガクチョー〟の塚越暁さんから言われた、「子どもを遊ばせるとか、子どもと遊んであげるという感覚ではダメ。大人が本気で遊ばないと」という教えは大きかったですね。大人が無理に子どもに合わせても長続きはしません。子どもは、大人の本心を敏感に察するものですから。

以来、幼児向けの遊具しかない公園よりも、大人も思い切り走って楽しめる広い公園に子どもを連れ出して、一緒になって汗だくで遊ぶようになりました。カルタも本気でやりますし、絵本は抑揚《よくよう》を付けて大まじめに読みます。

この間、1日保育士を体験したのですが、「あんなに恥ずかしがらずに大声で紙芝居を読めるお父さんは、なかなかいません」とほめられました（笑）。

部活の経験からチームプレーを学ばせたい

――今後の学校選びについては、何か考えていますか。

小沼　小学校は、近くの公立校に通わせると思います。今の地域に引っ越して来たのは、銭湯をはじめとした地域の魅力に加えて、学校の環境が良いという評判を聞いたからです。僕が海外で活動した経験があるので、グローバル教育にも関心はありますが、何よりも子どもの意思が大切ですし、今考えるのはまだ時期尚早ですね。

社会に出る前にぜひ経験してほしいのは部活です。僕は高校まで野球部、妻はバスケットボール部で、部活動に励んでいました。ですから、チームプレーの世界に身を置くことの良さについては、何度も話しています。

一つの目標に向けて、チームで足並みをそろえて、時に矛盾と向き合いながら結果を出していく。チームに関わる経験は、個が強くなる時代だからこそ、価値があるはずです。最近、うちの団体で人材育成に関する研究を進めているのですが、成長レベルが最も高いのは、チームコミットメントが強いタイプだという結果が出ました。自分の成長にしか目が向かない人だと、どうしても成長の幅に限界がある。けれど、チームの成長まで考えられる人なら、「チームのために自分を変えよう」と行動する。時代の流れが個人志向だからこそ、教育はチーム志向の方針を大切にしたいと思っています。

——将来の仕事選びについては、どんなアドバイスをしていきたいですか。

小沼　「周りの人が全員賛成しない道に進みなさい」と言いたいですね。

これだけ変化の速い時代ですから、今日の常識は明日の非常識。全員賛成する道は、かえってリスクが高いと思います。誰も賛成しない道をやみくもに探せということではなく、「自分がこれだ！　と信じられる道で、周りの大半が反対している道こそチャンスだ」と伝えたいですね。僕自身があまのじゃくな人間なもので（笑）。

――ご自身の育てられ方から影響を受けたのでしょうか。

小沼　そうですね。人事のスペシャリストとして有名なＬＩＸＩＬグループ元副社長の八木洋介さんにお会いした時、「なかなか見応えのある若者じゃないか。君はどういう育てられ方をしてきたのか」と聞かれました。「何でも好きなことをやれと言われて育ちました」と答えたら、「そうだろう」と深くうなずかれました。

八木さんいわく、日米の子育ての大きな違いは、アメリカは「Be yourself（自分らしくあれ）」型で、日本は「小さく前にならえ（人さまに迷惑をかけるな）」。そして、僕は前者に近い育てられ方だったのだろう、と。

まさにその通りで、子どもの頃から今に至るまで、「僕が変わったことをするほど親がよろこんでくれる」という感覚で生きてきました。

父は自分の経験から、教育環境が将来の可能性を大きく左右すると考えていたようで、中学受験については熱心に僕に勧めました。

「何でも自由にやっていい。お前の考えに任せる」

――小沼さんは神奈川県内の進学校、栄光学園に進んでいますね。

小沼　はい。でも中学に入ってから、両親はパタリと何も言わなくなりました。「何でも自由にやっていい。お前の考えに任せる」と。その言葉から、僕は期待されていると感じましたし、言葉の重さにどう応えればいいのかと考えるようになりました。

結果、「人と違ったことをやろう」と青年海外協力隊に参加したり、起業したりしたわけです。こうした決断も両親はよろこんでくれたと思うし、応援もしてもらいました。週2回、子育てを助けてくれるのも、父の愛情であり、僕へのエールだと思っています。「子どもを信じ、任せて、応援する」という愛情のかけ方をできる父親を心から尊敬しています。勉強や仕事は僕の方が父よりもできるのかもしれませんが、人間としては、父に全くかなわない。父の偉大さを、親になって余計に感じるようになりました。

――お子さんに対して、ご自分の仕事をどのように話していきたいですか。

9

小沼大地

小沼　具体的に詳しく説明せず、あやふやなままでいいかなと思っています。「世の中を良くするために頑張っているんだよ」と。何をしているかより、何のためにやっているかが大事だと思うので。

「君たちが大人になる頃までに、もっといい社会にしておくからね」というふうには、すでに伝えています。働くことがカッコイイことで、ワクワクしながら働ける、という世の中にしていきたいですね。僕自身もそういう背中を見せていきたいと思っています。

――クロスフィールズでは、メンバー合宿を定例化していて、役員同士で家族を呼んでキャンプを楽しむこともあるとか。公私を分けずにプライベートを見せ合うのは、どんな狙いがあるのでしょうか。

小沼　僕たちが掲げているチーム指針の一つが、「働く仲間の幸せを思いやる」ということです。職場でしか顔を合わせない関係だと、その人の仕事をしている側面しか見えず、「仕事における幸せの追求＝人生全体の幸せの追求」と見誤りがちです。特に社会課題の解決を目指す団体の場合、その傾向が強くなります。けれど、実際には働く人それぞれに、様々なピースで構成される人生があって、価値観も人の数だけ違います。

合宿のような非日常体験を通じて、普段見えない横顔を見せ合い、たわいもない雑談から、「この人は普段どういう価値観で過ごしているのか」を知り合う時間はとても重要だと感じています。

子育ての経験が、多様な価値観を教えてくれる

――SNS（交流サイト）で普段の生活をオープンにする経営者も増えました。公私に矛盾のないリーダーに評価が集まる時代になっています。

小沼　「全人格リーダーシップ」は、僕の目指すモデルでもあります。職業人としてだけではなく、人間性すべての魅力に共感できるリーダーに付いていきたいという傾向は、若い世代を中心に高まっています。もちろん、「公私をはっきり分けたい。トップは仕事の指揮さえ執ってくれればいい」という人は、そういう組織を選べばいい。

けれど、僕たちの組織では、互いの人生の幸せを支え合える仲間と働きたいと思っています。

――最後に、小沼さんにとって子育てとは。

9

小沼大地

小沼　「共に育つ」ことです。同じ目線に立って、自分が子育ての時間を思い切り楽しもうとする姿勢は大事ですね。教育は「共に育つ」、親も全力で学んでいくものなのだと思います。これは、クロスフィールズの仕事でリーダー育成に携わる中でも大切にしている一貫した価値観かもしれません。

父親になったことを機に、それまで経験しなかった様々な役割を担い、いろんな価値観に触れることができています。1日保育士体験をしたあとは、「保育士さんってこんなに大変なのか。ちょっとしたことでクレームを付けるなんて、とてもできない」と思うようになりました。

多様な価値観に触れることはイノベーティブな発想につながるし、自分と異なる立場の人との相互理解が深まり、世の中をもっとしなやかにできるのだと思います。

帽子を付け替えて自分を成長させる機会として、子育てを楽しんでいきたいですね。

9

1カ月の育休で権限委譲を学んだ

あなたにとって、子育てとは？

共に育つこと

小沼大地

10

学びを楽しむ人生を教える
シリコンバレー流家庭教育
「オールAより、B・C
混じりの成績をほめる」

伊佐山 元 の場合

WiL共同創業者CEO（最高経営責任者）

いさやま・げん

WiL共同創業者CEO

1973年東京都生まれ。
1997年東京大学法学部卒業後、
日本興業銀行（当時）に入行。
2001年米スタンフォード大学大学院に留学。
MBA（経営学修士号）取得後、
2003年に退行。同年から
米大手ベンチャーキャピタルDCMの
本社パートナーとして勤務。
2013年に日米のベンチャー企業の
発掘・育成を手がけるWiLを創業。

家族構成 （2018年7月時点）

妻（専業主婦）　長女（19歳）
長男（15歳）　次男（14歳）　三男（9歳）

パロアルト在住

MEMBER
Please check
Put magnet
your photo !
WiL

——伊佐山さんは日米のベンチャー企業の創生や育成に携わる第一人者として活躍されています。アメリカのシリコンバレーに生活の拠点を移したのは2001年。当時はまだ、日本人は珍しかったのではないでしょうか。

伊佐山　はい。銀行の留学制度で、2年間の勉強のつもりでスタンフォード大学に留学したのですが、MBA（経営学修士号）を取得後、新しい産業が次々と生まれる秘密を理解するため、シリコンバレーに残ることを決めました。

渡米した当時は娘が2歳、大学院を修了した頃には長男も生まれていました。アメリカで子育てをする選択も含めてチャレンジでしたが、夫婦で「何とかなるだろう。家族で一緒にサバイブしていこう」と決断しました。

今でこそ、シリコンバレーのベンチャー企業で日本人を見かけるようになりましたが、当時はほとんどいませんでした。苦労もありましたが、振り返ってみると、「この業界で生き残るだけで価値がある。ダメなら日本で出直そう」という、ある種の割り切りがあったので、やってこられたのかもしれませんね。

——改めて、ご家族構成は。

伊佐山　妻と子ども4人の6人家族です。妻は大学時代のテニス部で知り合った2歳下

10

伊佐山 元

で、今は専業主婦ですが、もともとはNTTのエンジニアです。

子どもは、上から大学2年生になる19歳の娘と、その下に息子が3人、15歳、14歳、9歳と続きます。にぎやかに暮らしています。

――そのお嬢さんが、2017年にスタンフォード大学に入学されたとか。

伊佐山　世界の強豪が競う受験で、合格率は4%らしいので、僕も素直に強運だなと思いました(笑)。全学年通してもほかに日本人はいないらしく、孤軍奮闘しているようです。

彼女はちょうど今、夏休みを利用して、アイディオの日本オフィスでインターンとして働いています。

――並々ならぬ結果を出している伊佐山家の子育て方針を教えてください。

伊佐山　一番大切にしているのは、「ただ一心に愛情を伝えること」です。人が成長する上で最も重要な条件が、親子の愛情に基づく信頼関係だと思っているからです。

難しいことに挑戦しようとする時、誰かとぶつかってしまった時、恥ずかしくなるような失敗をしてしまった時。どんな時でも戻れる場所があれば、リスクを取ることは怖くなくなります。安心して戻れる場所として家族の存在があると確信できれば、人間はどこで

平　日

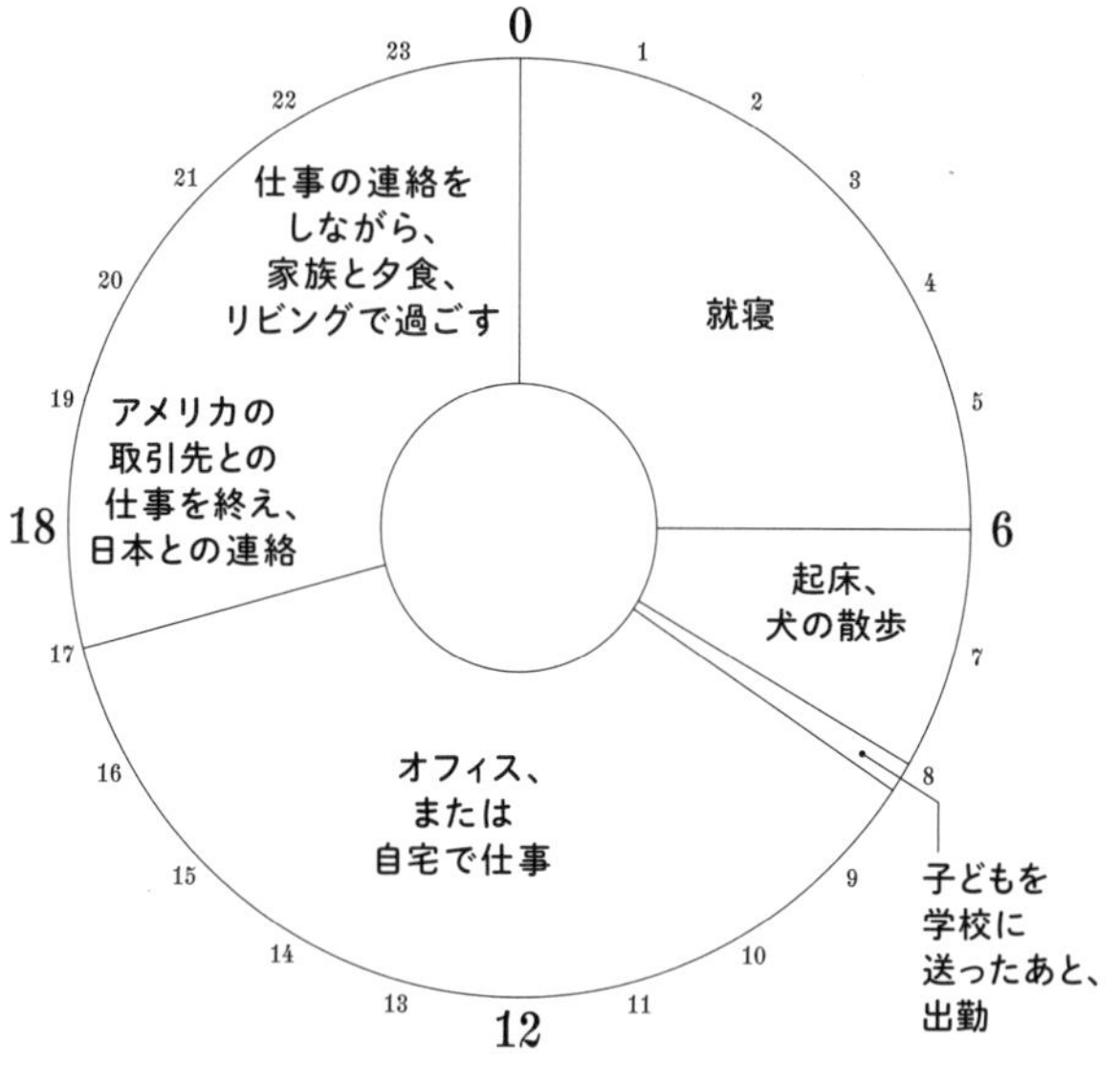

6:00	起床、犬の散歩
8:00	子どもを学校に
	送ったあと、出勤
8:15	オフィス、または自宅で仕事

17:00	アメリカの取引先との
	仕事を終え、日本との連絡
	仕事の連絡をしながら、
	家族と夕食、リビングで過ごす
24:00	就寝

10

休　日

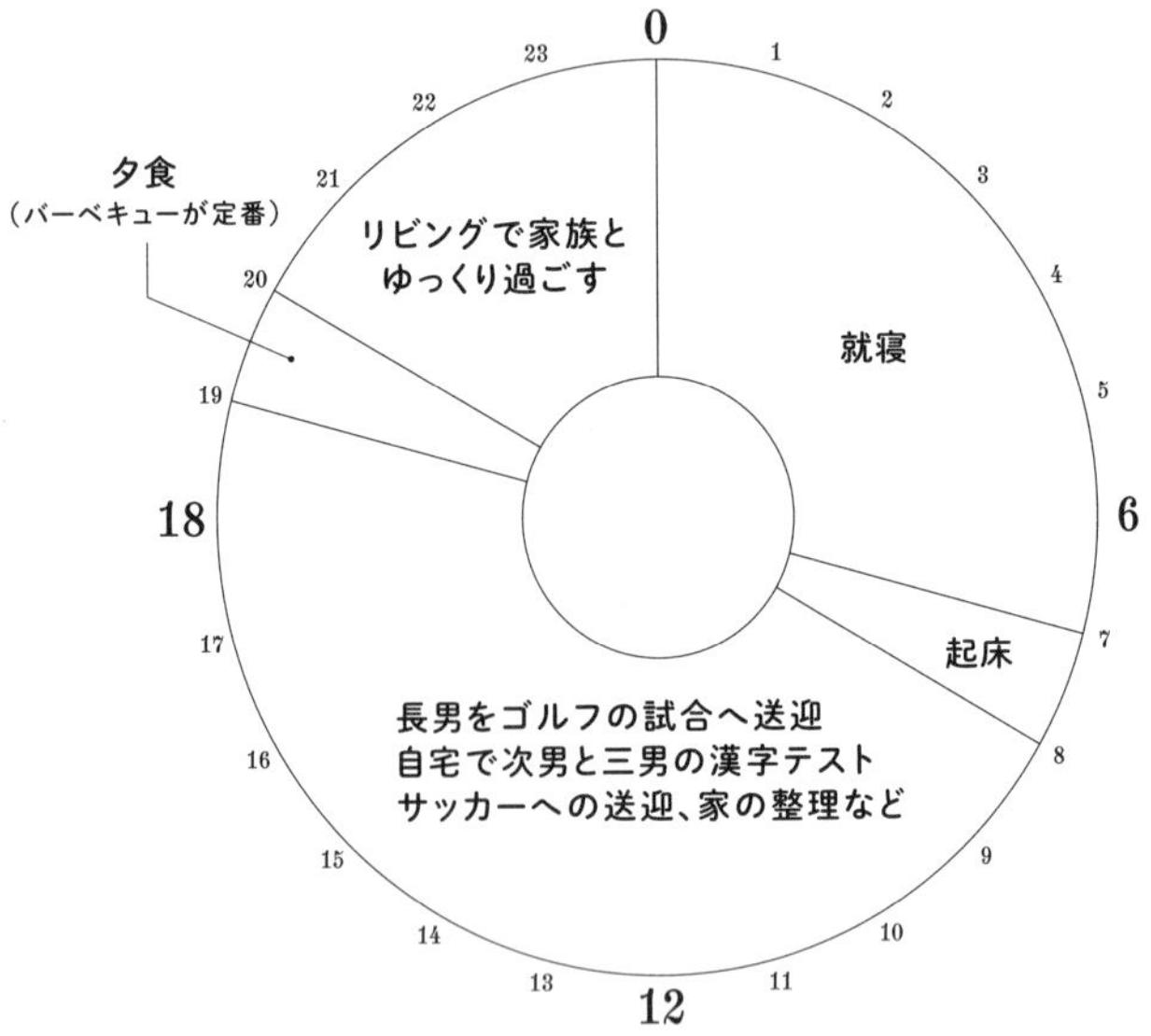

7:00	起床	19:00	夕食（バーベキューが定番）
8:00	長男をゴルフの試合へ送迎	20:00	リビングで家族とゆっくり過ごす
	（近場なら練習を見て帰宅）	24:00	就寝
	自宅で次男と三男の漢字テスト		
	サッカーへの送迎、家の整理など		

もたくましく生きていける。

だからわが家では、もう異常なくらいに子どもたちに愛情を注いでいます。アプローチはいろいろあると思いますが、僕の場合はスキンシップを大事にしています。

家の中ではしょっちゅう子どもとくっついています。僕の出張が多いこともあり、9歳の三男ともできる限り、一緒のベッドで「川の字」になって寝ています。旅行先で1部屋で寝る時には、6人全員で「川の字2つ」になることもあります。

欧米では、子どもは自分の部屋で寝るのが一般的ですが、わが家は密着優先。子どもたちが離れていくまでは、親から積極的にくっついていこうと思っています。子どもたち同士もぎゃあぎゃあと言いながら、くっつき合っているのが日常風景です。

「利他」の精神を教えるワケ

——精神的な安心・安全を重視する方針は、グーグルなどの企業経営でも注目されていますね。

伊佐山　いわゆる「セキュア（安全）な環境」という価値に当たりますが、精神的に「大丈夫だ、自分は守られているんだ」と脳にすり込まれていない限り、自分の気持ちに余裕を持って周りの人に優しく接することはできないし、社会を良くする行動にはつながっていかないはずです。

わが家の子どもたちに共通しているのは、自分の宿題をあと回しにしてでも、友達の宿題を手伝ってあげたりする気持ちがあること。友達を手伝った分、自分の成績を上げるための時間は削られるけれど、「自分の成績だけを上げるより、友達を助けることに価値がある」という行動が自然にできる。「利他の精神」を大事にしてほしいですね。

これはアメリカの資本主義の価値観ではあまり見られない行動で、個人の効用を最大化するには非合理な行動かもしれません。

けれど、これからはむしろ、コンピュータが決して選択しない非合理な行動をできることが、人間らしい価値になると思うんです。

——一見、非合理に見える利他的な行動が、結果として自分に返ってくることも多いのではないでしょうか。

伊佐山　そのように経営学者は評価してくれるかもしれませんね。「giver の方が taker に勝る」と。ただそれは結果であって、逆算して人に恩を売る子にはなってほしくないですね。「自分に余裕がある時には人を助けよう」と自然に思えるようになってほしい。その

子育てQ&A

Q.	A.
教育プランは？	原則として地元の公立。人種や生活背景、 価値観の多様性を学んでほしい。 大学は子どもの個性に合ったところへ。
習い事は？	運動系は体操、ロッククライミング、 水泳、野球、空手など過去に10種ほど。 音楽系はピアノ、トランペットなど。
お小遣いは？	必要に応じて。
スマホやゲーム などのデジタル デバイスは？	高校生になるまでは平日なし、 週末1時間。ただし漢字テストで 80点以下はゼロ、100点なら15分追加。
子どもが よろこぶ 得意料理は？	週末のBBQ（バーベキュー）
子育てを円滑に するための 工夫は？	自宅で仕事をする、職場に連れて行くなど できるだけ一緒に過ごす。 愛情はアウトソースできないので できるだけ夫婦でこなす。

ために何をすべきかというテーマには、夫婦でこだわってきました。

その答えが、「親が徹底的に愛情を注いで安心を与える」ということでした。

実際、ほかの人の幸せと笑顔を優先する人生は必ず得をするはずです。自分だけが成功しても、周りの社会が幸せでなければ、評価も名誉も成り立ちません。誰もが社会の一員で、社会全体が豊かにならなければ、成功の恵みは享受できません。

だから、まずは周りの人を笑顔にして、社会を幸せにする。そうしたら自分もハッピーになれる。この順番を大切に考えています。

10

伊佐山 元

リビングに集まって、みんなで勉強する

――お子さんたちの普段の勉強には、どんなこだわりがありますか。

伊佐山　うちの学習スタイルは「リビング集合型」です。子どもたちにはそれぞれ個室を与えていますが、宿題や自習は、夕食後にリビングで一緒にやるのが習慣になっています。その時、僕も一緒に本を読んだり、仕事の資料を読んだりする。要は「家族みんなで一緒に勉強する時間」をつくって習慣にしているんです。

この習慣化が何よりも大切で、子どもは「勉強しなさい」と強制されても、やる気は起きません。歯磨きや入浴と同じように、「やるのが当たり前」になれば勝ちです。うちでは夕食後に1時間の自由時間、その後、勉強をするのが家族の習慣になっています。

僕は夕方から夜遅くまで日本とのやりとりがあるので、仕事を進めながらになりますが、子どもたちと一緒にリビングで過ごすようにしています。

――勉強することが生活の一部になっている。しかも親も一緒に勉強するのですね。

伊佐山　試験前だけ集中して勉強するのは、本来の学習とは違うと思います。大切なのは、いつでも学びたいことを学ぶようにすることです。何か気になることがあれば、すぐにウェブで調べて議論をする。そうした知的好奇心を満たす面白さを体得しているか素通りしてきたかでは、そのあとの行動が大きく変わるのではないかと思います。「知りたい」と感じた時にすぐに学ぶ習慣を、子どもたちには身につけさせたいですね。

僕も時間がある週末には、「リビング講義」をすることがあります。「お金の儲け方には いくつかのパターンがある」と話して、「どう思う？」と意見を聞いたりしています。いつでも取り出せる黒板をリビングに置いていて、図解しながら話しているんです。「勉強は一人でするもの」というルールも、わが家にはありません。これからはチームで

10

伊佐山 元

協業する時代ですから、課題で苦手なところはお姉ちゃんに聞いてもいいし、リサーチとまとめをそれぞれが分担したっていい。社会に出た時、たった一人で完遂できる仕事はありません。ですから手分けをすることを、勉強でも勧めています。

――伸びる組織や人材をよく知る伊佐山さんならではの、人間力にこだわった家庭教育を実践されているのですね。逆に、お子さんたちから伊佐山さんが学ぶこともあるのでしょうか。

伊佐山　僕も知らないことはたくさんあるので、子どもたちから教わることは多いです。「こういうサービスあったら便利だと思う?」と聞いて、「いいと思う」という反応が返ったら、「子どももいいと思うのだから将来性はあるな」と感覚をつかんだりしています。

親が子どもに一方的に教えるより、互いに学び合う関係にしていきたいですね。

僕は、仕事の話もよくするので、子どもたちも働くことには自然と興味を持っているようです。日本だと、学校教育と社会に出て働くことが分断されていますが、本来は学ぶことと働くことは不可分であるべきです。社会を良くするために学んでいるわけですから。

――お子さんたちはほぼアメリカで育っていますが、日本語の習得は。

伊佐山　自分のルーツをいつでも検証できるよう、必要最小限の日本語を教えるように意識しています。家庭で「漢字テスト」をやっていて、その結果によってゲームの制限時間を決めるなど、身につきやすい工夫をしています。

将来は、日本の美しい文化や文学作品を楽しんでもらえたらいいなと思っています。

朝令暮改もOK、とにかくトライする

——将来、どのような分野に進むかという点はどのように導いていますか。例えば、スタンフォード大学に入った娘さんは何を専攻しているのでしょうか。

伊佐山　彼女は日米2カ国のバックグラウンドを持っていて、アジア人の友達も多いので、国際関係のテーマを学びたいと入学時の願書を出したようです。けれど、大学に入って1年経った今は、プロダクトデザインとコンピュータサイエンスに夢中です。

文系で入学して理系に転向というと、日本では異端視されそうですよね。けれど僕は、興味や関心を文系と理系で分けることの方がナンセンスだと思っています。自分が心から面白そうだと思えるものに出合えたら、いつでも方向転換していい。

勉強でもスポーツでも、うちは「朝令暮改OK」と言っています。やりたかったらいつ

10

伊佐山 元

でも始めていいいし、つまらなくてその理由が明確なら、次のことに挑戦していい。その代わり、一度はちゃんとトライして自分との相性を確認しろよ、と。

忍耐優先で「石の上にも三年」という価値観はありません。それよりも、できるだけ多くの選択肢の中から、本当に自分が好きだと思えることを見付けてほしい。

とはいえ、自分が何を好きなのか見付けられないまま時間が過ぎてしまう人が大半です。僕も「この道でやっていく」と確信できたのは30歳を超えてからでしたから。進む道を決める時期は、早く見付けられたらラッキーだけれど、決して急ぐ必要はないと思っています。

——自分がやりたいことを見付けるために、挑戦と失敗を繰り返しなさいということですね。勉強以外でも、いろんなことを体験させているのでしょうか。

伊佐山　スポーツは必須です。僕も妻もスポーツを通して育っていて、本から吸収できない知恵がたくさんつまっていると、経験上分かっているんです。

一番は身体的な痛みを知れること。ぶつかったり、転んだりして、ケガをして血が出る。痛くて、しんどくて、辛い。スポーツに付き物の肉体的な痛みを経験して、他人の痛みも想像できるようになる。その体の感覚を吸収できないまま育つと、他人をいじめることが平気になってしまう。チーム競技で勝ちを目指す経験も、勉強では得られにくい、スポーツならではの学びですね。

ですから、わが家で生まれた子たちは、もれなくスポーツをやらされます。

スポーツで身体機能を鍛えることの価値

——具体的にどんなスポーツをしていますか。

伊佐山　これも、いろいろ試して落ち着いた結果ですが、今は主にサッカーとゴルフです。この2つはそれぞれ特性が異なります。

サッカーはルールがシンプルで、ボールさえあればどこでも始められる気軽さがある。また、長時間走ることで持久力が、チームで戦略を練ることで協調性が養われます。

サッカーチームに入ると、ラテン系や欧州系の友達ができやすいのも大きなメリットです。アメリカで暮らしていると、見た目が近いから、アジア系の友達は割とすぐにできますが、サッカーを通じて多様性ある友達がさらに増えていきます。

一方、ゴルフは年齢構成の幅の広いスポーツです。6歳の子どもから80歳のシニアまで

10

伊佐山 元

一緒になって楽しめるスポーツは、ほかにないのではないでしょうか。僕たち夫婦が年を重ねても家族で楽しめるスポーツになるという期待もあります。

ただゴルフの練習は単調で、決して面白くはありません。ですから忍耐力を養うスポーツでもある。天候に左右されやすく、環境適応力も問われる。試合の勝敗には運の力も大きく、強い精神力が問われる。こういった部分も個人としての成長につながるだろうと思っています。

――選ぶスポーツにも理由があるのですね。

伊佐山　まぁ、あと付けで理屈を考えているだけですが（笑）、少なくとも身体を鍛える時間をおろそかにしたくないという気持ちは強いですね。

これからはＡＩ（人工知能）やロボットの発達によって、人が手足を動かす手間はどんどん省かれていきます。放っておくと、人間の身体機能は低下するばかりだと容易に想像できます。「ラクになる」ということは、ほかの何かが鈍っているということです。鍛えるべき部分は意識をしないと、人間に備わった機能が退化してしまうと危惧しています。

――日本ではプログラミング教育が大ブームになっています。

10

オールAより、B・C混じりの成績をほめる

伊佐山　僕からすると「強制してまでやらせることはない」という感じです。もちろん、それが好きな子はどんどんやっていい。けれど、みんな一律で義務教育化するのは無意味です。

事実、シリコンバレーではプログラミングが義務教育化されていません。うちの子は全員、ITリテラシーが高いけれど、プログラミングに興味を持つかはその子次第。面白いと思ったり必要だと感じたら、学ぼうとする。英語を義務教育化しても、本気で本人が学ぼうとしなければ身につかないのと同じです。

長女は高校まで、プログラミングに一切触れていませんでした。けれど大学で興味を持ってから勉強して、十分に間に合っています。自分で学びたいと思うから早く吸収できるのでしょう。つくづく、親の役割は子どもから自然に湧き出る興味関心を応援することしかないと思いますね。

もう一つ、うちの子育ての方針で大事にしているのが、「あえて、少し難しいことをやらせる」ということです。

10

伊佐山 元

成績がオールAだとほめられない

――「得意なことを伸ばそう」という論調とは逆ですね。

伊佐山　今の僕の仕事につながる考え方ですが、失敗のない人生はとても危ないと思っています。僕自身、子どもの頃から最近まで、人よりも失敗の多い人生でした。今はそのすべての経験が、ありとあらゆることに生きています。

失敗のない人生は、言い換えれば、自分のできることしかやってこなかった人生でもある。たくさん失敗してきたということは、自分の成長や進歩に対して貪欲だったということです。子どもたちにも、「失敗しないと成長できないよ」と繰り返し伝えています。男3人は単純で、ポケモンに例えるとすぐに納得するので、「そんなんじゃ、Sキャラになれないよ。進化もできないよ」と言って奮い立たせています(笑)。

学校の成績でも、オールAを取った時より、少し難しい科目に挑戦して、BやCが混ざっている時にほめるようにしています。「難解な課題に挑戦している証拠だ。頑張っているな」と。「無難にやってオールAを目指すな」と伝えています。

――オールAでほめられないとは……。子どもからすると「できないことに挑戦するのは辛い」と弱音を吐きたくなることもあるのではないでしょうか。

伊佐山　挑戦する意義を丁寧に説明するようにしています。もちろん、難しいことに向き合うのは苦痛ですし、得意なことをほめられながらやる方が楽しいに決まっている。子どもたちも、「全部やるのは無理。どっちかに絞りたい」と言ってくることがあります。

その時はできるだけ言葉を尽くします。「パパとママは、君のことをちゃんと見ている。そろそろ絞るタイミングだと思ったらちゃんと言う。難しいことに挑戦するのは、今の君の成長にとって必要なプロセスだ。人生は長い。今は失敗しても、次に向かう忍耐力を付ける時期なんだよ。失敗しても怒らないから挑戦してみよう」と。

実際、ある程度のトライを続ける時期を経たら、得意分野に集中できるよう見極めます。大体、高校生くらいからですね。

失敗ばかりするのは本人も辛いから、そのたびに「どうしたらうまくいくのか。成功確率を上げるには何が必要か」と一緒に考えます。とにかく、やればできないことはないんだよ、というすり込みを繰り返すことが大事ですね。その上で、成功したら周りの人にどんな貢献ができるか、というところまで話すようにしています。

10

伊佐山 元

同じようなバックグラウンドばかりの組織は弱い

――お父さんの仕事については、理解しているのでしょうか。

伊佐山　分かっていると思います。普段から仕事と生活を分けすぎずに、子どもたちにもよく話をしているので。「これってどう思う」と意見を聞くことも多い。小さい頃は、一緒に遊ぶことで時間を共有できますが、大きくなると、段々とそれも難しくなっていきます。子どもたちが成長しても、親子の関係を緊密に保つためには、自分の仕事に巻き込むのが手っ取り早い。じっくりと宿題を見ることも、普段はなかなかできません。ですから、無理なく自然に仕事と子育てを融合させている感覚ですね。

子どもたちにとっても、僕がなぜ夜遅くまで仕事をしているのか、胃に穴の開くような思いも多いベンチャーの仕事を選んだのか、何となく理解することで、「パパがこういうふうに働いているから旅行ができるんだ」と想像するきっかけになると思うんです。

それは、親に感謝してほしいという意味ではありません。仕事と収入、暮らしの関係性を結び付けて考えて、自分の将来の選択に生かしてほしいのです。

娘は運良くスタンフォード大学に進みましたが、ほかの3人は全く別々の道でいい。むしろその方が、伊佐山家はずっと面白くなると期待しています。

変化が速く、創造性がより大切になる時代には、いろんな立場から、いろんな風景を見ているメンバーが集まった組織の方が、ユニークな価値を生み出せます。これからは日本でも「あの企業は東大卒ばかり」ではなく、東大卒もいれば中卒も専門学校卒もいるというように、多様なバックグラウンドの人材を集める組織の方が、強みを発揮できるのではないでしょうか。

――経営と子育ての共通点はありますか。

伊佐山　信頼関係がすべてのベースにあるという点は全く同じです。僕の経営するWiLという会社は、ファミリー経営だと内外に伝えています。家族のように互いに安心して信頼し合える仲間であろう、と。他人の宿題を助ける日本的な良さと、個人の能力を発揮しやすいアメリカ的な良さをかけ合わせた、ハイブリッドな組織を目指しています。

使命に向かって一緒に進むけれど、「失敗しても大丈夫。仲間がリカバリーしてくれる」という安心感があれば、新しいことに挑戦できる組織になるはずです。

まさに子育てと同じ価値観で、会社を経営しています。

――伊佐山さんにとって、子育てとは。

伊佐山　やはり、安心して挑戦できる環境づくりですね。

経営も人がすべてであり、一人ひとりと信頼関係を結んで、適材適所を見極めて、挑戦を応援する。これに尽きます。

僕の中では、子育てと仕事は同じ人生の一部であって、どちらかが優位にあるという感覚はありません。両者は不可分な存在で、一体です。

仕事と子育てを分けて考えることさえ無意味だと思っています。

日本ではいまだに「職場で家族のことを話すのはタブー」といった雰囲気があるようですが、世界の感覚とはかけ離れています。

経営者が子育てについて堂々と語り、互いの人生の一部を見せ合う場が増えていけば、日本の風景も少しずつ変わっていくでしょうね。

あなたにとって、子育てとは？

安心して挑戦できる
環境づくり

伊佐山 元

終章・経営トップの子育て参加が未来をつくる

インタビューを終えて

ここまでお読みいただき、ありがとうございました。

最後に、インタビューを通じて見えた男性経営者の子育てスタイルの共通点、そして、そこから発見した「男性が子育てをしやすい社会の条件」について考えたいと思う。

40代以下の男性経営者に「子育て」を大いに語ってもらうインタビューは、この原稿を書いている今も継続している。連載を始めた当初にふと浮かんだ、「取材候補がすぐに尽きてしまうのではないか」という不安は杞憂《きゆう》に終わった。

多い時で週に3人、少なくとも2週間と間隔を空けずに取材を続けているが、意外なほどに、取材が途切れずにつながっていくのだ。

それも、インタビューを受けた男性たちが「よかったら、僕以上に子育ての話ができそうな経営者仲間を紹介しますよ」とつないでくださることが少なくない。

あるいは「日経ビジネスオンライン」に公開された記事を見て、「当社の社長の子育て論について、ぜひ取材をしてください」と、別の企業広報から直接メッセージが届くことは、二度や三度ではなかった。

「経営トップが子育てに積極的であること」を、企業側が会社の魅力としてアピールし始めている。この兆候は10年前、いや5年前にもあまりなかったように思う。

これまでは、「あの会社の社長は子育てに積極的らしい」と情報をつかんで取材を依頼しても、「プライベートの取材は……」と断られるケースの方が圧倒的に多かった。

経営トップの子育て参加が、企業の成長戦略に

なぜ今、企業は社長の「横顔」を公開しようとしているのか。

その意図をたずねてみると、「トップが仕事だけではなく、家族や自分自身の人生を充実させようとする姿を見せることが、どんなスローガンよりも〝働きやすい会社〟のイメージを高め、採用や社員の育成にプラスに働く。社内のモチベーションも上がる」のだという。企業の成長戦略の一つとして、経営トップの子育て参加が位置付けられている。

特に、大企業と同じように採用コストをかけられないベンチャー企業では、社長がその

効果をよく理解して、SNS（交流サイト）に、「子連れ出勤」や「リモートワーク」の様子を「新サービスの開始」と同じように投稿している。

そうして集まった「子育てに自然体で向き合う40代以下の男性経営者たち」の群像は、一体、どういったものだったのか。

経営者の実像に詳しく、自身も父親としての生活を楽しんでいる経営学者の入山章栄氏は、本書の第1章で「子育てに正解なし」と言い切った。

実際、本書に登場した10人の子育てスタイルは十人十色。子どもと関わる時間の取り方も違えば、教育方針も人それぞれ。保育園への送り迎えに手が足りない時のサポートをどうするかという作戦も、親、友人、シッターなど、バリエーション豊かだ。

スマートフォンなどデジタルデバイスに触れさせるかという質問には、積極的に使わせる派とできるだけ遠ざける派に分かれた。

正解なき道を行ったり来たり、仮説と検証を繰り返しながら、分からないからこそ真剣に向き合おうとする、等身大の父親の姿がそこにはあった。

一方で、彼らの子育てスタイルには経営者ならではの共通点がいくつかあることにも気付いた。そのいくつかは誰にでもすぐ始められそうだ。ポイントは7つにまとめられる。

1 経営計画と同じように中長期的なビジョンを持つ

わが子を育てる上で、何を重視し、どの時期に、どのような経験の機会を与えて成長させるか。

子育ての方針について質問すると、言葉を整理しつつも、よどみなく答える男性たちの姿は、いい意味で新鮮だった。

ひと昔前の男性経営者に同じ質問をしたら、「子育ては妻に任せているので分かりません」と答えて終わり、というケースが多かったのではないだろうか。

今回の取材で本書に登場した男性たちは皆、「どう育てたいか」という目標や、そのために選択した「どういう関わり方をするべきか」というアプローチについて、まるで企業経営のビジョン策定や中長期計画を説明するように、論理的に語ってくれた。

その視点には、「10年後の社会はこうなっているはずだから」と予想した未来から逆算する〝俯瞰《ふかん》の目〟がある。きっと日頃、経営の指揮を執る上で、10年後、20年後の社会を見据えて思考するクセが付いているのだろう。

男女の違いで論じるのは乱暴かもしれないが、母親はどちらかというと、「今日の体調は大丈夫か」「同級生の子たちはもう塾に行き始めたらしい」など、目の前の事象やすぐ近くで起きている変化を敏感に察する、近視的な感覚がより強いように感じる。

一方で組織運営を担う彼らは、より長い時間軸の中で子育てを捉え、「今はその習い事が人気だけれど、10年後に本当に役立つの？」などと投げかける。あるいは、「僕らが子どもの頃は害と言われていたゲームやスマホも、今の時代なら積極的に触れさせるべきでは」という発想になる。

2 「チーム」として、夫婦で連携する

世間の風潮や既成概念に巻き込まれることなく、自分の頭で考え、選択した子育ての方針は、夫婦の間でも共有されている。

「夫と妻は子育てという共通目標を達成するパートナーであり、それぞれの得意分野に応じて役割を分担する」という姿勢がごく自然に貫かれているのも、彼らの特徴だ。

子育てをどちらかに任せっきりにする感覚はない。たとえ平日は、朝の30分しか子ども

と顔を合わせられないとしても、限られた時間の中で濃密に子どもと関わり、情報をアップデートしようとする。

彼らの口から「家族サービス」「妻を手伝う」といった表現は出てこなかった。妻と対等に、自分が子育ての主役であるという意識が、当たり前のように染み付いていた。

平日は慌ただしく過ごしていたとしても、週末の夕食後などに夫婦で顔を合わせて、子育てや家庭運営について話す機会をつくるなど、夫婦間のコミュニケーションを重視している印象を強く受けた。

「忙しくて夫婦でゆっくり話す時間がない」と言い訳せず、意識的に夫婦の時間を設けようとする。そして日々発生する細かな課題を共有し、どう解決したかフィードバックする。わが子を育てるという共通目標に向かって走る同志として、夫婦が機能している。

もちろん実際には、妻の方が多くの役割を担っている現実もある。彼らは、それも素直に認める。はた目からは十分に子育てに関わっていると感じられる人でも、「僕の貢献度は5%くらい」と極めて謙虚なのだ。

日頃から子育てに関わっているからこそ、子育てにどんな作業が発生するのか、具体的にイメージでき、妻の苦労を肌身で実感している。だから妻への尊敬が生まれる。

「週に2～3回オムツ替えしたくらいで、イクメンを自称しないで」と妻が冷ややかな目を向ける、〝なんちゃってイクメン〟とは一線を画している。

3「好きなこと」を見付ける多様な経験を与える

経営者がわが子にどんな職業観を身につけさせたいと思っているのか。これは非常に気になるテーマだった。

これからどんな産業が成長し、どのような職業が優勢になるのかという予測を容易にできるはずの彼らだが、インタビューでは次のような発言がたびたび聞かれた。

「好きなこと、心から夢中になれることを自分で見付けて、その道に進んでほしい」

創業経営者であれば、当然、思い入れのある事業をわが子に継がせる選択肢も思い浮かぶはずだ。しかし、その可能性について言及する人はほとんどいなかった。

それには、彼ら自身の経験が深く関係しているようだった。

彼らもまた、生涯を懸けるに値するテーマを自力で見付けて、挑戦し、世の中を変えるサービスや商品を生み出しつつある。自ら道を拓き、その途上にあるのだ。

自分で見付け、選び取った仕事だからこそ、湧き出る強いモチベーションや情熱にかられて、積極的に、前向きに仕事を楽しめることを知っているのだろう。

また彼らの多くが親から、「好きなことをやりなさいと言われて育った」「やりたいことを止められたことはなかった」と振り返っている。

発見し、選び取るには、豊富な選択肢があることが前提になる。だからこそ、彼らはわが子の子育てでも、「とにかくいろんな経験をさせたい」と口をそろえる。

スポーツや音楽などの習い事、アウトドアやレジャー、世界各地への旅行など、与えられる時間の限りを尽くして、子どもに様々な機会をつくっているのが印象的だった。

4 オンとオフを分けすぎず、柔軟に働く

「仕事とプライベートを、分けて考えていません」

「働く」と「育てる」を自由に行き来する感覚を持つ傾向も強かった。

昭和の時代に、仕事をバリバリこなす男性といえば、「仕事中に子どもの話なんてもっての外」と公私を厳密に分け、何歳くらいの子どもが何人いるのかといったプロフィールさえ、同僚に知らせないのが、一般的な姿だったのではないだろうか。

しかし、彼らは「子どもを育てながら働く姿」を自然にオープンにしている。自分自身もリモートワークの仕組みを活用して自宅で仕事をしたり、職場に子どもを連れて行ったり、時には子連れで出張したりする働き方が日常的なのだ。

それは、そうでもしなければ子どもと向き合う時間を確保できないという理由が一つ。ビジネス向けチャットツールやクラウドサービスなど、働く場所に制限なく業務を遂行するためのサービスが普及してきたという環境面の整備もあるだろう。

もちろん、社長という立場だからこそ、自分の働き方を自由に決められる特権があるという見方もできる。

だが、この先、より幅広い階層の男性たちにも、このような柔軟な働き方が浸透していけば、会社員であっても、彼らに近い働き方は実践できるようになるはずだ。

多忙な経営者が、子育てに携わるためにどんな働き方をしているか。その「解」から、社会全体の男性たちの子育て参加を高めるヒントが見付かるはずだ。

5 「共働き」は当たり前、妻と仕事について語り尽くす

意図したつもりはなかったが、インタビュイーの共働き率は高くなった。しかも彼らの妻は、国際機関や大手金融機関に勤務していたり、ベンチャーキャピタリストとして活躍していたりするなど、ハイキャリアな女性であるケースが多かった。

「子育てに積極的に関わっている男性経営者を探したら、妻もバリキャリだった」というのは考えてみれば当然の方程式で、妻も夫と同じように多忙だからこそ、対等なパートナーシップとして、子育ての分担が進んだと考えるのが自然だ。彼らの言葉の端々からは、「職業人」としての妻への敬意が感じられた。

女性活躍の時代である。会社員と専業主婦で構成される世帯数を、共働き世帯数が上回ったのが、1997年のこと（厚生労働省「厚生労働白書」）。そこからさらに20年を超える時が流れ、管理職に就く女性も少しずつ増えている。

現在の40代以下といえば、バブル経済が崩壊したあとで社会に出た世代だ。そのため、この世代の男性は、男だけが稼いで妻子を養うという家庭のモデルにリスクを感じ、「結婚後も妻に働き続けてほしい」と思う傾向が強いと言われている。

経営者である彼らもまた、共働きのライフスタイルを当たり前のものとして受け入れ、中には「互いに刺激を与えて成長したいから、ハイキャリアの女性と結婚しようと思っていた」と話す人もいた。仕事を離れた家庭でも、自然に夫婦で互いの仕事やキャリアについて語り合うという。そんな話も新鮮だった。

6「家庭外」の力を、前向きに活用する

共働きの子育てとなると、必要な「手」が不足する。

毎日の保育園や学校、習い事への送り迎え、平日の夕食づくりや夫婦ともに帰宅が遅くなる日の子どもの寝かしつけなど、子育てを円滑に回すための人手不足という壁に直面する経験を、例外なく彼らも語ってくれた。

その解決法は明快で、「アウトソース」であり「シェア」である。

自分たちがしなくてもいい家事や子育ての一部を、シッターや家事代行業のプロに外注する。「子どもは親が育てるもの」という固定観念はとっくに捨て去り、「子どもは社会全体で育てた方がよく育つ」と前向きだ。

家事代行サービスは、ここ数年で提供会社が増え、競争が激化している。だが、その必要性を訴えるのは、いまだに母親側だ。

第4章に登場した建築デザイン事務所ｎｏ・ｉｚ代表の豊田啓介氏のように、「家事・子

育てのアウトソースは家族全員を幸せにする」という考えが、サービス事業者ではない男性から出ることに、私は新鮮な驚きを感じたし、変化の潮目を見た。

プロの手を借りる以外にも、使える家庭外の資源は活用する。

夫婦の親が元気であれば、無理のない範囲でサポートを要請し、地域の家族とも、持ちつ持たれつで連携する。複数の子どもを同時に見れば誰かの手が空くと分かれば、積極的に家族間で子どもを預かり合う。「だってその方が互いに時間を有効活用できるし、何より子どもたちが一緒に遊べて楽しそうだから」と軽やかに語る。

「一人で抱えるよりも、みんなで分け合う方がラクだし得」といった価値観は、カーシェアやフリマアプリに抵抗なく親しむ〝シェア世代〟らしい新しいものだ。

親がもっと頑張らないといけないというストイックな子育ては遠ざけ、効率や実利を優先する。それが結果的に、持続可能な子育てにつながっている。

7 子育ての経験は、事業や組織を成長させるチャンス

最後に挙げる共通点が、最も経営者ならではと言えるかもしれない。

彼らは、意識的に子育て経験を、経営や組織の成長に生かしている。子育てと社員育て、家庭運営と組織のチームビルディングを結び付けて、相互の場で応用し、相乗効果を高めようと実践している。

例えば、「子どもがなかなか宿題に着手しない」という課題に直面した時、「今すぐやりなさい。宿題をサボっていると将来……」と上から強制することはあまりない。本人がその価値に気付いて行動しなければ意味がない、と我慢強くその時を待とうとする。なぜなら自立が成長を促すことを、会社の人材育成で経験しているからだ。

「子育てを通じて得られる気付きが、新たなビジネスチャンスを生むヒントになる」という声もよく聞かれた。

出産・子育てという人生のビッグイベントの周辺にある様々なニーズを、生活者の視点で汲み取っていく。あるいは子育てを通じて、新たに出会う地域の仲間、学校や病院などの関係者の実像に触れることで描ける「こんな世の中になったらいいのにな」というビジョン。こういったアイデアを事業化するために準備中、あるいはもうサービスに盛り込んで強化している、という人もいた。

事業の収益ばかりでなく、社員の定着率向上や離職防止、人材強化にも、子育て経験が生きている。「子どもの病気回復期は保育園に通わせられず、預け先に困る」という実情を分かっているから、「困っている時に子連れ出勤ができるように」とキッズルームを設けたり、リモート会議の仕組みを整えたりする。大企業に多い形ばかりのワークライフバランスの施策ではなく、具体的にメリットのある施策を実践するから、社員にもよろこばれる。そして、これが会社の将来を見据えた戦略にもなる。

創業経営者にとって、会社はわが子と同じくらい大切な存在であるはずだ。同時に経営者としてビジネスにシビアな彼らには、「投資効果の低い取り組みは継続しない」という意識もある。その上で「自分の子育て経験が企業経営に役立つ」と確信しているから、彼らは子育てに本気で向き合うのだろう。

子育てに価値を見出すから、深く関わる

「経営」と「子育て」の間の壁を取り払い、2つの世界を自在に行き来する若き男性経営者たちの姿は、前世代のそれと比べると斬新に映る。

この新しさについて、前出の入山章栄氏は、「イノベーティブな経営者だからこその姿」と分析する。

「彼らは過去に築かれた既成概念（常識）を疑い、ゼロから発想することで事業を立ち上げ、推進してきたリーダーたち。職業人としての生き方は、父親としての生き方にもそのまま反映され、『子育ては母親がするもの』『社長たるもの仕事に専念すべき』といった過去の常識にとらわれず、自分や家族にとって心地よいスタイルを選択している。その結果、これまでの父親像とは一線を画す子育ての実践者になっている」

しかも、そのアプローチにストイックさがないこともポイントだという。

確かに彼らの発言からは、自分の仕事を犠牲にしたり、趣味を泣く泣く諦めたりといった悲壮感はない。

「〝頑張ってやっている〟〝やりたくないのにやらされている〟わけではなく、子育てを楽しみとして自分のためにやっている。私が知る経営者たちは、飲み会にも参加するし、無理のない生活の一部として、子育てを位置付けている。実現するには知恵や工夫も必要になるけれど、それも含めて自分の成長機会として面白がっているようだ」

「これはきっと世の中のためになる」「たくさんの人の幸せにつながる」と情熱を注げることに集中して、エネルギーを投下する。そんな姿勢で事業を興してきた彼らは、極端に言えば、「いいと信じられるものしか選択しない」（入山氏）。

子育てにも、自分の人生における価値を見出しているから関わっているのだという。

男性の子育てはファッションから日常へ

実際に、父親の子育て参加の実態は、変わっているのだろうか。

2006年にNPO法人ファザーリング・ジャパンを設立して以来、父親の子育て支援の活動を続け、政府の各種委員も務めてきた同代表理事の安藤哲也氏は、「男性が子育てをファッション化する時代はもう終わった」と語る。

「イクメン」が流行語大賞にノミネートされた2010年頃には、男性好みのデザインや機能性を重視したベビーカーや、ユニセックスなデザインのブランド抱っこひもなどが売れた。「男性が身につけたくなる子育て用品」が流行し、週末にはベビーカーを押す若い父親の姿が目立つようになった。

「形やスペックから入るのが大好きな男性にとっては、入門しやすかったのだろう。そして実際に子育てをしてみると、それが家族にとって長期的にプラスになると気付いた。人生100年と言われる長寿時代において、子育てに10年しっかり向き合う方が、夫婦のキャリアが安定し、自分の人生も豊かになることを男性が理解し始めた。若い世代ほど、合

・

Summary

理的な選択として、子育てに参加している」

男性にとって、子育ては「ファッション」から「リアルな日常」へ変わっていった。その背景には、SNSの普及によって子育ての可視化やネットワーク化が促進されたことがあるという見方には、安藤氏もうなずく。

「これまで個々の家庭の中に閉じられていた男性の子育て風景が、ネット上にあふれるようになった。それが男性たちにとって経験の共有になった。身近な実例が蓄積されれば、『俺にもできそうだ』という動機になる」

シッターなどの子育て関連のサービスが増え、業務効率化を促す新たなITツールが充実したことも大きい。

「20年前に僕が子育てを始めた頃は、共働きの妻と予定を合わせるには、紙のカレンダーに書き込むしかなかった。今は手元のスマートフォンで瞬時に予定が共有できる。忙しい夫婦でも連携しやすくなった」

身近なモデルの可視化やサポート手段の充実によって、多忙な男性にとっても子育てのハードルは下がりつつあるようだ。

とはいえ、日本男性が子育てに費やす時間はまだまだ短い。

平成28年度総務省統計局「社会生活基本調査」によると、6歳未満の子どもを持つ世帯の男性が子育てに費やす1日あたりの平均時間は「49分」。5年前よりも10分増えているが、妻の「3時間45分」と比べると、いまだに大きな開きがある。

ここからさらに発展させるには、どんな手立てが必要になるのか。

必要なのは、柔軟な働き方

今回のインタビューから見えた、男性が子育てに参加しやすい社会づくりのための必須条件が、「柔軟な働き方」の推進だ。

子育ては突発的なアクシデントの連続だ。「月曜日から金曜日までの週5日、9時から17時まで」という固定的な働き方とは全く相容れない。

むしろ、そんな働き方が必要な仕事は今後、ロボットに譲っていくべきだろう。

「保育園のお迎えに間に合わせるために、わざわざ短時間勤務を申請しないといけない」というレベルの制度設計では、もう追い付かない。

・

Summary

博報堂でＣＭプランナーとして活躍した後、家族でオランダに移住し、現在はニューロマジック アムステルダムＢＶのＣＥＯ（最高経営責任者）として活躍する吉田和充氏は、オランダと日本の父親の子育ての最大の違いは、「子どもと関わる時間の長さ」だと語る。「オランダの男性は、とにかく子どもと一緒に過ごす時間が長い。わざわざ遠出をしたりレジャーに連れて行ったりせずとも、とにかく一緒にいることに価値を感じている。しかもそれを、一部の男性だけではなく、エリート層も当たり前のように実践している」

そのオランダは、ユニセフ・イノチェンティ研究所の２０１３年発表の調査で「子どもの幸福度ランキング1位」に選出された国であり、「柔軟な働き方」の先進国としても知られている。

１９９６年に労働時間差別を禁止する法律が導入されて以降、「同一労働同一賃金」が社会全体で機能するようになり、個人がそれぞれのライフスタイルに合った働き方を自由に選択できるようになった。

私は15年ほど前、オランダ出張のついでに、アムステルダムの雑誌編集部を訪問し、女性編集長にインタビューをしたことがある。普段の働き方について質問をすると、「私は特別なケアが必要な子どもを育てているから、週３日勤務なの。編集部のスタッフの大半は週３〜４日しか働かないパートタイマーよ」と返ってきた。

当時はその答えがあまりにも珍しく、衝撃を受けたことを覚えている。深夜のタクシー帰りが当たり前だった日本の同業種の働き方との違いに、愕然《がくぜん》としたのだ。15年経った今、その差は縮まったのだろうか。

なかなか進まない日本の「働き方改革」だが、今回のインタビュイーの姿は、大きな希望を与えてくれる。

彼らが経営する企業の多くがフレックスタイム制を導入し、時間に縛られない働き方を実践していた。中には、そもそも就業時間の規則がないところもあった。

それも、たいていは経営者が〝利用第1号〟となって、あとから制度が付いてきたパターンだ。

柔軟な働き方を推進するには社員の意識改革も必要になる。細かく指示され、管理されないと働けない社員ばかりでは、会社は成り立たない。経営者は誰に管理されなくても生産性を高めようとするが、柔軟な働き方を実践するには、社員も同じように自律的に考え、行動しなくてはならない。

さらに、夫婦だけでカバーできない部分は外の力を借りるという選択肢がもっと身近になれば、体力的・心理的な負担が軽減される。家事・子育てに費やす時間が限られる人も、例えば掃除や洗濯など、子育てと関係のない家事を外の手に委ねれば、それで空いた時間を子どもとの時間に当てられるはずだ。

シンガポールや香港などの成長著しいアジア諸国では、家事・子育てはプロフェッショナルに手伝ってもらう生活文化が浸透している。餅は餅屋として他者の力を借り、個人が社会に提供できる価値を最大化して、国も成長していく。

そういった国々との競争に、日本は立ち向かえるのだろうか。

個人がより気軽に家事・子育てのアウトソースを活用できる体制が整うと、女性だけでなく、男性にとっても子育てのハードルは下がるはずだ。

「男性の子育て参加は、様々な社会課題を一気に解消する〝一番ピン〟」と安藤氏は言う。ボーリングの正面のピンを倒すと、一斉にすべてのピンが倒れる。同じように、「女性の活躍」「児童虐待」「長時間労働」「選択的夫婦別姓」など、日本が抱えるいくつもの問題が、男性の子育て参加を促進することで、連鎖的に解消に向かうというのだ。

確かにどんな立場の男性も日常的に子育てに関わるようになれば、女性が自分のキャリアを諦める例は減るだろうし、〝ワンオペ〟の孤独な子育てに追い詰められる女性は減り、残業も激減する。女性だけが改姓する常識に違和感を抱く人は、今よりも増えるだろう。

この本に登場した、社会に影響を与えるビジネスリーダーたちが、その姿を見せていく価値は大きい。発言に影響力があるだけでなく、子育ての課題を解決する商品やサービスのつくり手となり、実際に社会を変える力を持っているからである。

彼らが横のつながりを持ち、価値観を共有する場が広がれば、変化は一気に加速するかもしれない。

その兆しはもうある。私は期待を込めながら、その行き先を見つめたい。

Acknowledgements

謝辞

本書の企画は、「日経ビジネスオンライン」でインタビューを毎週公開する連載「僕らの子育て」からスタートした。

それはちょっとした冒険だった。

なぜなら、「日経ビジネスオンライン」の読者層には50代以上の男性も多い。連載名にある「僕ら＝40代以下のビジネスリーダー」とは異なる価値観の中で、今の社会をつくってきた先輩方である。

きっと、「彼らの言っていることは全く理解できない」という違和感、あるいは不快感を抱いた読者もいらっしゃったのではないか。

しかし、だからこそ意味があるとも思っていた。

私はこれまでも、子育てに奮闘する若い世代の実像について日常的に取材し、その声をメディアという媒体に乗せて発信してきた。ただ、そのメディアは女性向けの、いかにも子育てに積極的な読者が集まるものが中心だった。そういった場で子育ての価値を訴えると、簡単に共感の声は集まってくる。

でも、その枠を飛び出さなければ新しい発展はないと、何となく気付いていた。

ビジネスメディアで真正面から子育てを語ってもらう。この挑戦を許してくれた日経BP社の日野なおみさんにまず感謝したい。

そして「未来につながる新しい働き方や生き方の発信をしていきたい」という思いに賛同いただき、多忙なスケジュールの合間を縫ってインタビューの時間を割いてくださった皆さま。

毎回、取材に同行し、普段の表情とはまた違った、家族愛がにじみ出るポートレートを撮り続けてくださったフォトグラファーの鈴木愛子さん。

チャーミングな装丁で、この本を羽ばたかせてくださったデザイナーの寄藤文平さんと吉田考宏さん。

男性が子育てに関わることの豊かさを日々の生活の中で教えてくれる夫や、「未来に恥じない仕事をしよう」と決意させてくれる息子をはじめとする私の家族。

ここに書ききれない、この本につながるあらゆるご縁を導いてくださった皆さまに感謝を述べたいと思います。

宮本恵理子

宮本 恵理子
（みやもと・えりこ）
エディター／ノンフィクションライター
1978年福岡県生まれ。
筑波大学国際総合学類卒業後、日経ホーム出版社（現・日経BP社）に入社。
約10年の雑誌編集・記者経験を経て独立。
主に働き方や生き方、家族をテーマにして、雑誌やウェブ、書籍で執筆活動を行う。
写真家のキッチンミノル氏と共に「家族製本」プロジェクトを主宰。
著書は『大人はどうして働くの？』（日経BP社）など。

気鋭のビジネスリーダーたちは
わが子をどう育てているのか

子育て経営学

二〇一八年八月一三日　第一版第一刷発行
二〇一八年九月一二日　第一版第二刷発行

著　者　宮本 恵理子
発行者　酒井 耕一
発　行　日経BP社
発　売　日経BPマーケティング
〒一〇五－八三〇八
東京都港区虎ノ門四－三－一二
http://business.nikkeibp.co.jp/

編　集　日野 なおみ
装　丁　寄藤 文平＋吉田 考宏（文平銀座）
写　真　鈴木 愛子／家族写真は本人提供
制　作　朝日メディアインターナショナル株式会社
校　閲　株式会社鷗来堂
印刷・製本　中央精版印刷株式会社

この本の収益の一部は、子ども支援の団体に寄付します。
ISBN 978-4-8222-5666-1